藤代三郎

外れ馬券に約束を

ミデアム出版社

目次

第一章　まだ春は遠い

目　次

目　次

初出／週刊Gallop
レース結果／週刊Gallop
（レース結果欄の予想印はサンケイスポーツ本紙予想です）

装丁／カバーイラスト　高柳　一郎

第一章　まだ春は遠い

ワセダインブルーを買え

１回中山初日の５Ｒ。３歳未勝利の芝２０００ｍ戦だが、返し馬が終わった直後に「何がよかったですか」とシゲ坊が尋ねてきた。「2番の馬がよかった」と返事しながら私は急いで新聞に目を落としていた。②ワセダインブルーは新潟の新馬戦を３着したあと、東京の未勝利戦を４着６着。ここが４戦目の馬で、この日は８番人気。ハービンジャー産駒なら小回りはいいはずだ。それまでの３戦はすべて広いコースで、それでも差のない競馬をしてきた馬が初めて小回りコースの、しかも2番枠という絶好の枠を引いたのである。これは狙いかも。急いで、1番人気の⑨クリッパーとのワイドを調べると、約10倍。とりあえずそれを買ってから、待てよと馬連も購入。さらに②流しの3連複と3連単（これは⑨を1着、②を2着に固定して3着は総流し）を購入。最後に②の複に３０００円入れようかと思ったが、迷った末に中止。初日から飛ばしすぎるのは問題だ、と自分を戒めたのである。「ぼくも乗ります！」と隣でシゲ坊が宣言。これは自分の予想を変更するとの意味

1回中山初日　5R　3歳未勝利

着順	予想	枠番	馬番	馬名	性齢	斤量	騎手	タイム	着差	通過順	上り	人気	単勝オッズ	体重増減	厩舎
1	◎	❺	⑨	クリッパー	牝3	54	戸崎圭	2.01.7		3 3 3	中35.8	①	1.4	454+2	北高橋文
2	△	❷	③	キルロード	牡3	56	北村宏	2.01.9	1¼	2 2 2	中36.1	②	9.4	500-2	南田村康
3		❶	②	ワセダインブルー	牡3	56	吉田隼	2.02.4	3	⑯⑯⑮	中**35.5**	⑧	40.3	440+4	北金成貴
4	△	❸	⑥	オーケストラ	牡3	56	岩田康	2.02.4	頭	5 5 6	中36.4	④	12.1	490-2	南斎藤誠
5	○	❽	⑯	サノサン	牡3	56	石橋脩	2.02.4	頭	1 1 1	内36.7	⑤	16.8	472+48	南尾形和
6		❼	⑬	トランスパレント	牡3	56	田辺裕	2.02.5	首	14 14 13	中35.8	⑫	91.3	488-6	北上原博
7		❸	⑤	フラッシュスタイル	牡3	56	蛯名正	2.02.6	½	11 8 3	外36.4	⑨	50.4	506+8	北田中清
8		❻	⑪	ウインリベロ	牡3	56	松岡正	2.02.6	鼻	10 11 10	外36.2	⑪	84.6	422 0	北水野貴
9		❶	①	マノン	牝3	54	柴田大	2.02.7	½	3 3 3	内36.8	⑩	70.6	438 0	北岩戸孝
10	▲	❼	⑭	ウインオルフェウス	牡3	56	三浦皇	2.02.7	頭	5 6 7	中36.6	③	9.8	454+2	北奥平雅
11		❷	④	ヤマタケパンチ	牡3	56	岩部純	2.03.0	2	7 8 7	内36.8	⑭	175.7	488+8	南萱野浩
12		❺	⑩	シャイニーロケット	牡3	56	勝浦正	2.03.1	首	8 8 7	中36.8	⑥	17.2	460+4	北尾形充
13	△	❹	⑦	ショーンガウアー	牡3	56	内田博	2.03.7	3½	⑯ 12 13	中37.2	⑦	18.5	508+2	北木村哲
14	◬	❻	⑫	マイネルシクザール	牡3	56	宮崎北	2.03.9	1½	8 6 11	外37.8	⑬	142.6	546+4	南高橋裕
15		❽	⑮	ダイメイヒゴ	牝3	54	丸田恭	2.04.0	首	13 12 11	内37.4	⑯	363.4	398-8	北石毛彦
16		❹	⑧	ウインリコルド	牡3	56	柴山雄	2.04.4	2½	11 15 16	内37.6	⑮	217.2	484+6	北高橋祥

単⑨140円　複⑨110円　③190円　②530円
馬連③―⑨620円①　　枠連❷―❺510円①
馬単⑨―③760円①　３連複②③⑨4850円⑯
３連単⑨③②12660円㉞
ワイド③―⑨290円①　②―⑨980円⑨　②―③2940円㉖

ではなく、ヒモ馬として追加するという意味だ。これがシゲ坊の柔軟なところである。

　ところが、その②が痛恨の出遅れ。いや、正しく言うならば、二の脚がつかなかったと言うべきか。最後方からのスタートで、終始ぽつんと一人旅。こういうことがあるから競馬は怖いのである。どんなに調子がよくても出遅れたんでは競馬にならない。最後の複勝馬券を中止したことだけが救いと慰めよう。あとは黙って観戦である。4コーナーで1頭かわしたものの、まさかそんな位置から届くわけがない。しかし他の馬は1円も買っていないから前を見ても仕方がない。ずっと②ワセダインブルーの走る姿を見ていた。ワセダってあの早稲田と関係があるのか。でも早稲田大学のジャージはエンジ色じゃなかったっけ、よく知らないけど。

　そんなことをぼんやり考えていたら、その②ワセダインブルーの脚いろがやけにいいことに気がついた。でも、絶対に届くわけがない。まあ、7～8頭かわしたとしても7～8着くらいだろう。だから叫ぶ間もなかった。ぐんぐんぐんぐん伸びて、なんと3番手とハナ面を揃えたところがゴール。えっ、嘘だろ。そんなに伸びてたの？　だったら真剣に叫べばよかった。でも、届いていないだろう。絶対に無理だよね。ところがリプレイを見たら、②ワセダインブルー、なんと3着に届いているのだ。急いで1着馬と2着馬を確認すると、1着は⑨クリッパーで、2着は③キルロード。「なんだ、1番人気と2番人気じゃ、つかないか」と呟くと、「ワイド買わなかったんですか」とシゲ坊。あっ、そうだ。②ワセダインブルーが3着ならワイド②⑨が的中だ。3連複は4850円とたいしたことはなかったが、ワイドは980円。おお、ワイドが当たるなんて久々だ。このあと1本も当たらなかったので収支はマイナスだったが、ワイドが当たった分だけ嬉しい。京都6Rの3連単（約15万）をゲットしたシゲ坊に夕食をおごってもらい、2018年の競馬初日を楽しく終えたのである。

しかし本当に嬉しかったのは翌日だ。初日の中山5Rでワイドが当たったとはいっても、たまたまの可能性がある。とにかく昨年の後半はまったくワイドが不発であったのだ。夏競馬10週間はあれほど当たったワイドが秋以降、絶不調に陥った理由がわからず途方に暮れていたのである。1日1本ワイドが的中すれば、大勝は望めなくてもけっして大負けがないのだが、もうそれは無理なのかなあと諦めていた。馬券作戦を変更するしかないかと考えていた。そういうときにワイドが2018年の競馬初日に久々に当たったから嬉しかったのだが、この段階では翌日も当たるなんて考えてもいなかった。

1回京都2日目の8Rである。4歳以上500万下の芝2200m戦だが（この日は自宅で観戦だ）、パドックで超ぴかぴかの⑥ハイドロフォイル（3番人気）と、ほどよく気配のいい①アインザッツ（9番人気）のワイド1290円が決まったのである。4番手にいた①が直線で先頭に立ち、インをついた⑤リリーモントルー（2番人気）が2番手。果敢に先行した⑥が3番手に残るところに差してきたのが⑨ムイトオブリガード（4番人気）。⑥ハイドロフォイルが3着に残れば、3連複とワイドが的中する。前日は叫ぶ暇がなかったが、今度はテレビに向かって思い切り叫んだ。「残れ残れのこれ！」「そのままま！」。かなりきわどいゴールだったが、リプレイで確認すると、⑥ハイドロフォイルがハナ差の3着に残っている！　1万1900円の3連複と1290円のワイドが的中である。3連複が当たったことはもちろん嬉しいが、いちばんの喜びはワイドが2日続けて当たったこと。3連単を中心にするべきなんじゃないかとか、馬連中心にしようかとか、この間いろいろ迷っていたが、2018年もワイド1点主義でいく！　そう決意したのであった。

朝からワイドが的中！

先週の当欄で「２０１８年はワイド1点主義でいく」と書いたことについて、少しだけ補足を書いておく。この場合の「ワイド1点主義」とは、馬券はワイドしか買わない、という意味ではない。馬券はいろいろ買うのである。午前中は複勝転がしで遊ぶだろうし、午後は3連複だ。転がらなければ複勝は１０００円で、午後の3連複も10点か15点。つまり１０００円か１５００円。こうして10レースくらい遊んでいれば、その遊び金額は総額1万超えくらいにおさまる。で、ここぞというときに「ワイド1点主義」が出動するのだ。約10倍の目に３０００円。ワイドを買うときは1点に集中するのが「ワイド1点主義」である。これを3回出動するので、1日の総予算は「遊び＋ワイド」で、2万ちょっと。したがって、3回のワイド勝負のうち、1回でも当たればその配当にもよるけれど、チャラかちょい浮き。そういう馬券作戦を、昨年の春競馬終了後に立案したわけだ。

ところが夏競馬の間はよかったものの、秋競馬が始まると肝心要のワイドが不発連続。

そうなると、ワイド以外の、本来なら遊び馬券のはずの複勝やら3連複の金額が増えていく。ワイド1点勝負が当たらないなら他の馬券で稼がなければならない。時にはワイド3回分の金額を3連複に入れていたりするから、これでは何のために馬券作戦を変更したのかわからなくなってくる。金杯の日に、シゲ坊に教えられた新しい3連単フォーメーションを数レースやってみたのもその迷いのためである。シゲ坊の3連単フォーメーションは、ちょいと変わっている。まず軸馬2頭を1~3着に置く。異色なのはこの先で、2着欄に5頭足すのだが（だから1着2頭→2着7頭、になる）、3着欄に置くのはその5頭のうちの1頭だけ。つまり、2頭→7頭→3頭、になって点数は20点。人気薄が2着に飛び込んで配当が跳ね上がるのを待つ作戦のようだ。まったくかすりもしないのですぐにやめてしまったが、またワイドが当たらなくなれば、こういう他の馬券にふらふらと近寄っていくに違いない。幸いにも金杯の日とその翌日にワイドが当たったので、やっぱりワイドだ、と決意を新たにしたわけだが、まだどうなるかわからない。2日連続のワイド的中はたまたまかもわからない。4~5週くらい続かなければアテにならない。

そこで今週はどうだったか、というご報告の前に、もう一つだけ補足を。年内にワイド10万円勝負をすると昨年秋に当欄で宣言したことを覚えている方は少ないと思うけれど、「あれはどうなったんですか」とシゲ坊に尋ねられたのである。そうか、その後のことはここに書いていなかったのか。実は実施しなかった。あれだけ不発が続くと、いったいどのレースに入れるべきなのかがわからない。あとから考えれば、ジャパンカップが唯一のチャンスだった。シュヴァルグランとレイデオロの2頭をもっと信じれば、あの①②に入れることは可能だった。しかしその配当は460円。5倍以下はスルーするというマイルールに抵触するから、やっぱり入れなかったかも。今年の前半のワイドの調子がよければ、春競馬の終わりごろには10万円勝負ができるかもしれないが、それはお楽しみにしておきたい。

というわけで今週のご報告だが、なんといきなり中山1Rでヒットしたから驚いた。9番人気の⑪タイセイレーベンの複勝を1000円だけ買って、あとは観戦のつもりだったが、待てよと思って、4番人気の⑤オペラカイジンとのワイドを買ってみた。すると勝ったのは1番人気の⑫ノボベイビーだったものの、2着が⑤、3着が⑪で、複勝520円、ワイド2110円が当たってしまった。いつものワイド3000円ではなく、冷やかしの1000円だったので、なんだか、たまたま振ったバットにボールのほうがぶつかってきたような感じだが、しかししかし、翌日の中山1Rで今度は「ワイド1点主義」が的中。こちらのレースは、⑭ナイツブリッジのパドックの様子をテレビで見ているうちに、買う気になったのだが、4番人気の馬なので冷やかしの複勝を買うには低配当すぎる。しかしここまで超ぴかぴかの馬が朝からいるのも珍しい。そうか、じゃあワイドを買えばいいんだと急いで相手探し。で、たどりついた相手が２番人気の③ヴォルフスブルク。すると、⑭が１着、③が３着。ワイド750円が朝からヒットしてしまった。土日ともに当たったのはその第１Rだけだったので、終わってみれば土日ともマイナスだったが、しかしワイドが当たるようになったのは嬉しい。日曜はその後ワイド１点勝負を５回試みたが、全部スカだったので、１Rで的中したのはたまたまだろ、と言われたら返す言葉がない。しかし好調だった昨年の夏も、当たるのは週に１本が普通だったことを思えば、これで十分という気がする。年明け５日のうち、ワイド的中が４日なのだ。このまま春競馬の終わりまで突っ走れ！

いい流れだったのに

1回中山7日目の2R。3歳未勝利のダート1800m戦だが、いきなり当たりがきた。最初は、④トモジャタイクーンの複勝が2倍以上つくようならこの複勝を1000円買ってみようと思っていたのだが、なんと1番人気（最終的には2番人気）。ルーラーシップ産駒のダート替わり、しかも大型馬で鞍上は武豊。これでは人気になるのもやむを得ないか。どうしようかなと思って返し馬を見たら、素軽い動きをしていたのが⑭セントーサ。前走の新馬戦で3着していたものの6番人気の馬である。最初に買おうと思っていた④トモジャタイクーンとのワイドはいくら、とオッズを見てみると約12倍。おお、いいじゃんと朝から3000円を入れてみた。すると、その⑭セントーサ、いきなり最後方からのスタートで、④トモジャタイクーンは中団のイン。なんだか心配な出だしである。朝から3000円なんて入れるんじゃなかった。コーナー手前から⑭セントーサがまくり始めたが、この段階でもまだ当たるとは思ってもいない。直線でごちゃごちゃとなって、そこに外から⑭が差してくる。さらに、インにいたはずの④がいつの間にか外に出していて、その⑭と一緒になってぐんぐん伸びてくる。届くのか、差すのか、お前たち。と思う間もなく、2頭が全馬を綺麗に差し切ってしまった。④が1着、⑭が2着で、そのワイドが1280円。本当に当たるとは思ってもいなかった。なんだか魔法を見ている気分。朝からこういう馬券を取ると気持ちが楽になる。

この日のヒットはもう一つ。中山5Rだ。3歳未勝利の芝2200m戦だが、パドックの気配が目立ったのは、⑨マイネルキラメキ（6番人気）。相手が絞れないのでこの馬を軸にして、相手を5頭くらいに広げて3連複でも買おう、というのが最初の予定。そう思いながら返し馬を見ると、⑥ワセダインブルーの動きが素軽い。ワセダインブルー？　どこかで聞いたことのあるような馬名だ。馬柱を見ると、前走は金杯の日に、2000m戦に出走し8番人気で3着。おお、あのときの馬だ。とても届かないような位置からものすごい脚で差し、ぎりぎり3着に届いたのでワイドを仕留めた馬である。この日は4番人気。今度は200m延びるけれど、ハービンジャー産駒なら延長はいいはずだ。このときの痛恨はワイド⑥⑨を1000円しか買わなかったこと。2Rでヒットしたばかりなので、続けてそんなにうまくいくはずがないと思ってしまった。もっといけよお前。

おやっと思ったのは、⑥ワセダインブルーのスタートが今回はよかったこと。なんと中団につけるのである。前走は最後方からのスタートであったから、ほっと安心。だから各馬が動き始めた3コーナー手前でも、全然余裕。前走は4コーナー最後方から上がりタイム1位の脚で3着したのだ。中団なら全馬を差し切ってしまうだろう。そのすぐ横にいた⑨マイネルキラメキが先に動いていった。こちらのほうが私、心配なのである。3連複の軸は⑨であるから、⑥がきても⑨がこなければ何にもならない。そうか、⑥の単複でガツンと勝負すべきだったか。そう思って見ていると、⑨がぐんぐん差してきた。そのすぐ後ろに迫ったのが⑥。4コーナー手前で先に動いた分だけ⑨が有利で、どうやらその⑨を抜けそうにない。じゃあ、⑥ワセダインブルーは3着に入ればいい。それでもワイドが的中する。「差せ差せ差せ」「ダイチダイチ」「ハヤトハヤト」と忙しい。⑨の鞍上が柴田大知で、⑥の鞍上が吉田隼人なのである。⑨が全馬を差し切って1着、⑥もぐいーんと伸びて、ゴール直前で⑬アストラサンタン（5番人気）をぎりぎり差して2着。3連複は1万3530円、ワイド⑥⑨は1160円。

この段階では、今日はいくら勝つんだろうと思った。2Rと5Rで、ワイドを当てたのである。5Rのワイドは弱気になって1000円しか買わなかったが、その代わり3連複を的中。2Rも5Rも、実は馬連でも的中していた。4000円と3700円。しかしこれはワイドの宿命なので、致し方ない。それよりもこの日の痛恨は中山7R。4歳以上

500万下のダート1800m戦だが、この返し馬で素軽い動きをしたのは、②グッドラックサマー（13番人気）と、⑩ビッザーロ（8番人気）。このとき、⑩を選んだのが失敗（10着）。もしも②を選んでいたら、2着の複勝が1440円。1番人気で3着の⑪スターフラッシュとのワイドが4150円。本当に大儲けの日になっていた可能性が高い。これを外し、しかもあとのレースで全部コケたので2Rと5Rの浮きを吐き出してしまった。一緒に中山に出撃したアキラ君と新宿に出てグラスを傾けたが、彼もこの日はチャラ。勝たなくても負けなければ酒はおいしい。しかし私、男らしくないので、7Rで②を選び、馬連を10点くらい流せば388倍の馬連を仕留めることも可能だったよな、とかなんとか未練はたっぷりなのである。

トシキが大爆発の日

土曜はオサムの到着が昼ということなので、それまでは一般席で馬券を買うことにした。で、トシキと一緒に穴場の上のモニターを見上げていたら、京都1Rがいきなりヒット。「いくらつくの?」とトシキが尋ねるので「武豊がダントツ人気だから、そんなにつかないんじゃないの」と返事。武豊騎乗の⑭メイショウカギロイがダントツ人気なので、この馬を1着に置き、2〜3着は3番人気以下の馬を並べるというオサム方式の3連単を購入したのである。彼が以前、そのフォーメーションで3連単を仕留めたので、そう命名し、ダントツ人気がいるレースで私も時々買うようになっている。ただし、単勝が1倍台の後半の場合はスルー。何があるかわからないからだ。1倍台前半の場合のみ、買うことにしている。それでも飛ぶことはあるので絶対ではないが、そんなことを言いだしたらきりがない。で、この日の京都1Rで、そのダントツ人気馬が勝ち、2着に首尾よく人気薄の⑮メイショウバルコラ(11番人気)がきてくれたわけである。「3着が結構人気だからなあ。まあ、配当はいくらでもいいよ」とトシキに言っていると、その配当が6万6250円。朝一からそんな配当をゲットするなんて10万年ぶりだ。

いやあ、嬉しい。と喜んでいると、今度は東京1Rでトシキがヒット。8970円の馬連と、2万2830円の馬単をゲットするのである。トシキは先週、6万円の馬連を300円仕留めたというから、ただいま絶好調のようだ。しかもトシキの勢いはその後も止まらない。中京7Rで12万の3連複をゲットするからすごい。このレースは4歳以上500万下のダート1200m戦だが、⑫ワイルドフォックス（1番人気）と、⑬タガノモーサン（6番人気）の2頭を軸にして、相手は総流しの3連複を買ったら、軸2頭が1～2着し、3着に16頭立て15番人気の⑨スリーミネルバが入って3連複が12万となったものだ。2頭軸の相手総流し3連複は、トシキが得意とする戦術で「ああ、これじゃあ安い！」とよく耳にするが、今回はそれが見事に決まったわけである。しかも、これでまだ終わらないから、この日のトシキはすごかった。中京10Rはこべら賞（3歳500万下のダート1400m戦）は、②ラブリーイレブン、⑤グローリーグローリ、⑮バーンフライ、⑯スーパーアキラの4頭ボックスがヒット。この4頭ボックス作戦もトシキが得意とするもので、それで馬連と3連複を買う。それにしてもこの4頭の選択が見事だ。4頭の人気は順に、6番人気、4番人気、10番人気、2番人気である。1番人気も3番人気も切っているのだ。で、

1回中京5日　10R　はこべら賞

着順	予想	枠番	馬番	馬名	性齢	斤量	騎手	タイム	着差	通過順	上り	人気	単勝オッズ	体重増減	厩舎
1	△	❽	⑮	バーンフライ	牡3	56	坂井瑠	1.26.0		⑪⑨⑩	中38.4	⑩	45.5	472+ 2	栗東矢作芳
2	▲(白)	❸	⑤	グローリーグローリ	牡3	56	国分恭	1.26.0	頭	⑬⑪⑦	中38.2	④	6.3	482− 6	栗東五十嵐忠
3	◎	❶	②	ラブリーイレブン	牝3	54	松若風	1.26.1	¾	⑩⑪⑩	中38.4	⑥	14.2	428− 4	栗東松元茂
4		❺	⑨	タガノアム	牝3	54	丸田恭	1.26.3	1¼	⑭⑬⑬	外**38.1**	⑪	47.2	468− 2	栗東浅見秀
5	▲	❷	③	バイラ	牡3	56	松山弘	1.26.4	首	⑤④⑦	内39.1	①	3.9	492− 2	栗東川村禎
6	△	❽	⑯	スーパーアキラ	牡3	56	丸山元	1.27.2	5	⑤④④	中39.9	②	4.3	504 0	美浦矢野英
7	○	❻	⑪	グリム	牡3	56	藤岡康	1.27.6	2½	⑤④④	中40.3	③	4.7	492+ 2	栗東野中賢
8		❹	⑧	タイキサターン	牡3	56	北村友	1.27.8	1¼	③②①	中40.8	⑧	25.4	484−10	栗東高野友
9		❹	⑦	カタトゥンボ	牡3	56	川須栄	1.27.9	¾	⑭⑭⑭	外39.4	⑫	50.5	478− 2	栗東牧田和
10		❶	①	タニノミステリー	牡3	56	秋山真	1.28.3	2½	⑯⑯⑯	外38.9	⑬	100.4	438− 4	栗東松田国
11		❺	⑩	スカイルーク	牡3	56	岩崎翼	1.28.6	2	⑤④④	中41.3	⑮	108.9	468− 2	栗東羽月友
12	△	❼	⑭	ティカル	牡3	56	太宰啓	1.28.9	1½	③②②	中41.8	⑨	29.1	500+ 2	栗東池添学
13		❸	⑥	クルセイズスピリツ	牡3	56	柿原翔	1.29.9	6	①①②	内42.9	⑭	107.1	444− 5	栗東坂口義
14	△	❼	⑬	スリーヘリオス	牡3	56	小崎綾	1.30.4	3	⑤⑨⑩	外42.8	⑤	8.4	480 0	栗東村山明
15		❷	④	ダンツセイケイ	牡3	56	森　裕	1.30.6	1¼	②④⑦	内43.3	⑦	23.2	482+ 4	栗東山内研
16		❻	⑫	サンダベンポート	牝3	54	中井裕	1.31.0	2½	⑪⑭⑭	中42.6	⑯	253.1	420+ 6	地中野栄

単⑮4550円　複⑮890円　⑤190円　②290円
馬連⑤—⑮12850円㊶　　枠連❸—❽1990円⑩
馬単⑮—⑤39360円㊲　３連複②⑤⑮36010円106
３連単⑮⑤②325400円849
ワイド⑤—⑮2800円㉜　②—⑮6050円㊾　②—⑤950円⑫

1着が⑮、2着が⑤、3着が②で、馬連1万2850円、3連複3万6010円を仕留めるから、まるで魔法を見ているかのようだった。

対して私の痛恨は、翌日のシルクロードS。自信の本命は、⑦セイウンコウセイ。昨年の2着馬で、GI馬で、しかもこういう寒い時期に走る馬で、調教もよくなっているというのに、5番人気とは嬉しい。ところが相手がわからない。どれもきそうだけど、みんな怪しく、自信の対抗馬も穴馬も見当たらない。最後の最後にひらめいたのは、⑦セイウンコウセイはアドマイヤムーン産駒で、相手もアドマイヤムーン産駒でいいのではないか。①ファインニードルだ。このときに、アドマイヤムーン産駒がもう1頭いることに気づけばよかった。時間がないので、⑦セイウンコウセイと①ファインニードルのワイドを買ったあと、⑦を軸にして3連複をばらばら購入すると、逃げた⑦を4

コーナー2番手の①が差し、これで私のワイドは的中だが、問題は3着で、大混戦の3着争いを制したのは大外から差した④フミノムーン。しばらくしてから、あっ、となった。ちょっと待ってくれ、この④もアドマイヤムーン産駒ではないか。アドマイヤムーン産駒は3頭しか出走していないのである。そのうちの2頭のワイドを買うのなら、3頭の3連複を購入するのはよくやることだ。たった1点の追加だし、1000円くらいなら捨てるのもやぶさかではない。そうしていれば、540倍の3連複がヒットして、54万になっていたことになる!

しかも帰りがけに土曜京都1Rの馬券を換金しようとしたら(土曜の午前は一般席で現金購入だったので)、なんとなんと当たってないのでびっくり。急いで馬券を見ると、3着馬の馬番が私の馬券にないのだ。そんなバカな。あの喜びは何だったんだ! なんで勘違いしたんだ?

沸騰した頭を冷やせ！

1回東京3日目の最終レース。4歳以上1000万下のダート1600m戦だが、穴候補は8枠の2頭、⑮アポロナイスジャブと⑯メイスンスパート。どちらか1頭を選んでワイドの相手にしたいのだが、なかなか決断できない。実はもう1頭も迷っていた。⑥ジェイケイライアン、⑦シルバーポジー、⑧ゴールデンブレイブという上位人気3頭の中から1頭を選んでワイド1点勝負の軸としたいのだが、それが決められない。つまり軸候補が3頭いて、相手候補が2頭いるのだ。軸馬を1頭選び、相手を1頭選び、ワイドを1点に絞って買いたいのだが、そこから全然絞れないのである。だったら、そんなレースは見送るに限る。冷静になって考えてみればそう思うのだが、必死に検討しているときにはそれがわからない。その日は朝から負け続けてボウズということもあり、なんとかそれまでの負けを取り戻したいとの気持ちも強かったのだろう。今となっては、それもいけないとわかる。取り戻そうとすると負けは倍に膨れ上がる、というのは昔の競馬友達の名言だ。わかっているのだが、悪い癖はなかなか直らない。負けが続くと、つい取り戻したい気持ちがふつふつと湧いてくる。困ったものである。

結局、迷った末に上位人気からは⑦シルバーポジー（最終的には2番人気）を選び、穴候補2頭に2点買うことにした。ワイド1点主義を諦め、2点勝負に切り換えたわけである。ワイド⑦⑮に6000円、ワイド⑦⑯に4000円。合計1万の購入とは、あとから考えてみるとやはり少し気持ちが追い込まれていたのかも。オッズは前者が15倍、後者が22倍。ヒットすれば前者の配当が9万、後者の配当が9万弱。いくら欲しかったのか一目瞭然である。で、どこで間違えたのかなあとその日のレースを振り返り、トイレに行っていたりしているうちに、⑮アポロナイスジャブが競走除外。おやおや、予想外のワイド1点主義になってしまった。ところがしばらくすると、8枠の残る1頭、⑯メイスンスパートも競走除外。ここで私、思わず笑ってしまった。相手2頭がいなくなったということは、このレースに入れた1万円が丸々返却されるということだ。同時に、挽回のチャンスもなくなるということだ。そう思った瞬間、張り詰めていた気持ちが、雪が溶けるようにさーっと消えていった。レートを極端に下げている私が最終レースに1万を突っ込むとは尋常ではない。やはりこのときの私は少しおかしかったのだろう。そのことにようやく気がついたのである。もしもこのとき、8枠の2頭が除外されていなければ、たぶん馬券は外れていただろうから（⑦シルバーポジーは4着だった）、カーッとなったまま翌日を迎え、土曜の負けを取り戻すために朝からがんがん飛ばしていたかもしれない。ところが冷静になったおかげで、そういう事態を免れることができた。それだけでも嬉しい。そういえば午前中に負けすぎると、昼休みから7～8Rくらいまで場内を探索し、東京競馬場にいるときなら競馬博物館を覗いたりして時間をつぶすことが私にはよくあった。そうやって一度沸騰した頭を冷ます必要があるのだ。

ところで、日曜にアキラ君から新しい馬券作戦メールがきたので、ご紹介しよう。DM予想の1位の馬で単勝10倍以上つく馬の単勝を、1日10点以内買う作戦を始めたというのだ。基本は1位の馬で、2位とは点数が離れていること――との条件をつけたようだが（他にも細かな条件がいくつかあるが）、そうして選んだ馬がこの日は9頭。その中の1頭が、東京8Rの⑦スリラーインマニラ。この馬が見事1着したから素晴らしい。その単勝が2550円。立派なプラスである。この青年は、ひたすらDM作戦ひとすじで、私が種牡馬などの小ネタ集をまとめたものを競馬場で渡しても見ようとしない。私は自分が知った知識を競馬友達みんなに知ってもらいたいと考えている。あまりに情報が多いと悩むものだが、一緒に悩んでほしいのである。知らないと悩まないから、コノヤロとどんどん送りつけるのである。

ところが、アキラは私がいくら情報を送ってもスルー、ひたすらDM解析に取り組むのである。普通はうまくいかないと、必勝法を変えてしまうケースが少なくないが、アキラの場合はDM予想を中心とするという姿勢は変えず、ただ運用方法をいろいろ変えていく。たとえば、以前は1位の馬からの馬連流しであり、次は上位馬5頭の3連複ボックスだった。で、今度は1位の馬の単勝である。すべての必勝法は正しい、問題があるのは常に運用方法だ、という競馬仲間の名言を一方に置けば、このアキラの姿勢は基本的に正しいのである。25倍の単勝なんてそんなに簡単に当たるものではない。それがヒットするんだから、素晴らしい。じゃあオレもDM予想の1位で、10倍以上の馬の単勝を買ってみようかな、とちらり思ってしまったことはここだけの秘密だ。

気が遠くなった日

　2回京都6日目の6R、3歳の新馬戦が終わると「3連単、取りました」とヨシ先輩が言う。アキラの上司である。馬券を覗くと、⑤⑨⑫の3連単100円ボックス馬券。えっ、買ったのはそれだけ？　それで3連単が当たったの？　私はその新馬戦を買ってなかったので人気も知らなかったが、1着⑤ビービーデフィが6番人気、2着⑨アンドレアスは3番人気、3着⑫アトミカは10番人気。3連単の配当は、18万7170円。たった600円が19万弱に化けたわけである。たった1点でゲットしたとは素晴らしい。いや、1点ではなく3頭の3連単ボックスであるから6点なのだが。でも3連複なら1点である。3連複の配当は3万960円であったから、こちらを買っても配当合計は同じく18万。すごいな。あれ、馬券の買い方、変えたんですか。それともこのレースだけ変えたの？「そうなんです、変えたんです」。

　このヨシ先輩は、2頭を1～2着裏表に置いて3着欄は5頭、という3連単フォーメーション馬券を買っていたのだ。それを１００円で買うから1レースの資金は１０００円。全場全レースをその方式で購入する。つまり３場なら購入資金は３万６０００円。その買い目は前日検討で決定し、競馬場にきたら朝のうちにすべて買ってしまうのが彼の買い方だ。ヨシ先輩に話を聞くと、あまりに当たらなくなったので、そうなると資金がつらくなる。1日３万６０００円であるから、ボウズなら土日で７万２０００円が消えていく。そこで３頭ボックスに変えたと言う。これなら1レース６００円であるから、1日の購入資金は３場開催なら２万１６００円。土日で４万３２００円。以前の４割減である。なんとこの買い方で先週も10万馬券が当たったようで、ただいまヨシ先輩、絶好調。これがこの日の第1の伏線である。

実は私も、この３頭ボックス３連単は時々ひそかにやっていた。しかしあまりに当たらないので、やめてしまっていたのだ。でも目の前に高額配当を仕留めた人がいると買いたくなる。この日はそれから３回、こっそり買ったことを告白しておく。

第２の伏線は、この日の1Rで今週から２ヵ月間、短期免許で騎乗しているドイツのミナリク騎手がＪＲＡ初勝利をあげ、その勝利ジョッキー・インタビューで、「ドイツ馬がジャパンＣで優勝してから日本に興味を持つようになりました」と発言していたことだ。おお、平成7年のランドだ。あのときの２着はヒシアマゾンで、予想が大的中だったこと

1回東京5日　11R　共同通信杯

着順	予想	枠番	馬番	馬名	性齢	斤量	騎手	タイム	着差	通過順	上り	人気	単勝オッズ	体重増減	厩舎
1	▲	❺	⑥	オウケンムーン	牡3	56	北村宏	1.47.4		3 5 5	中33.5	⑥	13.6	458−10	(北)国枝栄
2		❶	①	サトノソルタス	牡3	56	ムーア	1.47.5	3/4	6 7 7	中33.3	③	6.3	488+8	(北)堀宣
3		❹	④	エイムアンドエンド	牡3	56	ミナリク	1.47.7	1 1/4	2 2 2	内34.7	⑩	132.9	484−8	(北)二ノ宮敬
4	△	❼	⑩	ゴーフォザサミット	牡3	56	田辺裕	1.47.7	鼻	12 11 10	内**33.2**	④	7.1	500+8	(北)藤沢和
5	▲	❷	②	カフジバンガード	牡3	56	内田博	1.47.7	首	8 7 9	中33.4	⑦	20.6	470 0	(栗)松元茂
6		❻	⑦	ブラゾンダムール	牡3	56	横山典	1.48.0	1 3/4	3 3 3	内34.3	⑧	54.4	470−6	(栗)松永幹
7	○	❽	⑫	グレイル	牡3	57	武豊	1.48.1	首	8 9 7	外33.9	①	1.8	494+2	(栗)野中賢
8	△	❺	⑤	コスモイグナーツ	牡3	56	柴田大	1.48.1	頭	1 1 1	内35.5	⑨	105.4	464 0	(北)高橋祥
9	△	❸	③	アメリカンワールド	牡3	56	浜中俊	1.48.4	2	6 5 5	中34.4	⑤	12.6	480+2	(栗)藤岡健
10	◎	❼	⑨	ステイフーリッシュ	牡3	56	中谷雄	1.48.5	首	10 10 10	外34.1	②	5.7	438−12	(栗)矢作芳
11		❻	⑧	トッカータ	牡3	56	丸田恭	1.48.7	1 1/4	5 3 4	中34.9	⑫	562.3	468−2	(北)和田雄
12		❽	⑪	リュウノユキナ	牡3	56	吉原寛	1.50.1	8	11 12 12	中35.0	⑪	289.5	474−2	斉藤誠

単⑥1360円　複⑥390円　①270円　④1720円
馬連①―⑥5080円⑰　枠連❶―❺4010円⑫
馬単⑥―①13620円㊲　３連複①④⑥77670円102
３連単⑥①④566290円537
ワイド①―⑥1570円⑰　④―⑥8350円㊶　①―④5490円㉜

を思い出す。1週前から競馬仲間に宣言していた通りの決着で、馬連は30倍だったか。当時はいまより10倍以上のレートで馬券を買っていたので、その宣言通りに馬券を買っていたら大変であった。どうして変更したのか、自分でも理解できない。なんと1円も買わなかったのだ。でも予想が当たったことは事実だから、ランドは忘れがたい馬になっている。ミナリク騎手にも途端に親近感を抱いた。これが第2の伏線である。

第3の伏線は、東京メイン、共同通信杯の返し馬で、④エイムアンドエンドの返し馬が素軽かったこと。10番人気の馬である。急いで新聞を見ると、鞍上はミナリク。おお、これも何かの縁だろうから複勝を買ってみよう――と、ここまではいい。問題はこの先である。返し馬でもう1頭、素軽かった馬がいて、それが⑥オウケンムーン（6番人気）。だったら、返し馬で見つけた2頭のワイドも遊びで買ってみるのはどうか――

これもいい。究極の伏線は、このレースの私の本命が①サトノソルタス（3番人気）であったことだ。そちらからの馬券は3連複をすでに買っている（ちなみに、その本線馬券に④と⑥は入っていない）。だから、④の複勝と、ワイド④⑥を買ったあとで、その2頭と①をどう絡めるかを考えるのが普通だろう。①からその2頭にワイドを買えば、1570円と5490円がヒット。①からその2頭に馬連を買えば、5080円がヒット。ええい、3頭の3連複を1点買ってしまえと思えば、7万7670円がヒット。いやいや、ヨシ先輩の3連単ボックス馬券を見たのも何かの縁だろうと、その3頭の3連単ボックスを買えば、なんと56万円がヒット！　それなのにこのバカは、伏線をまったくいかさず、④の複勝、ワイド④⑥のあとは、④⑥⑫の3連複だけを1000円追加するのである。

1着⑥オウケンムーン、2着①サトノソルタス、3着④エイムアンドエンドという決着に呆然。④の複勝1720円、ワイド④⑥8350円は取ったけれど、大魚を逸した感が強い。返し馬診断を馬券の本線と絡めればよかったのに、本線とは別にしたのは、単勝1・8倍の⑫グレイルが土壇場で怖くなったからだ。返し馬の結果をそちらと結びつけてしまったのである。3連複を1000円、3連単を100円仕留めていれば、それだけで130万！　なんだか気が遠くなった。

歴史的な大敗を喫した週

取り戻そうとすると負けは倍に膨れ上がる——というのは、古い競馬友達である「大声の宮部」の名言である。最近は忙しくなったのか一緒に競馬場に行かなくなったけれど、昔はしょっちゅう競馬場に行っていた。おそらく何度も、取り戻そうとしたんでしょうね。そしてその度に、はっと気がつくと負けが倍に膨れ上がっていたのだ。気がついたときには遅いのである。この名言には、そういう実感がこもっている。元気かあ、宮部。

この名言を久々に思い出したのは、取り戻そうとしちゃったのである。で、気がつくと倍どころではなく、3倍にも4倍にも膨れ上がっていた。どうしてこんな事態になってしまったのか、きちんと反省したい。

今週は土曜にオサムが博多からやってきて、日曜はたそがれのトシキと教え子のカド君4人で、本年一発目のGⅠを楽しもうという計画であった。で、土曜のオサム到着時間が昼前ということなので、フジビュースタンド3階の、中央インフォメーションにぶつかる手前の右に、モニターが数台あってベンチが並んでいるスペースで待つことにした。馬券はタブレットで購入するので、場所はどこでもいいが、立ったままではつらいので、ベンチは助かる。というわけで、朝イチから購入したのだが、どうしてあんなにばしばし馬券を買ったのか我ながらわからない。はっと気がつくと各場の2Rが終わった段階で、コーヒー100杯分の負け。でかい馬券を当てて、あとからやってくるオサムに、「いやあ、こんなに当たっちゃってさあ」とかなんとか自慢でもしたかったのだろうか。もちろん私もバカではないから、これではいかんという気持ちはある。アキラと出撃した先週日曜も、午前中に飛ばしすぎて、あわてて午後は休憩。ターフィーショップに行ってぶらぶらウインドーショッピングしたりして時間をつぶした。そうして一度沸騰した頭を冷やす必要があるのだ。春や秋なら競馬博物館にもよく行く。でもいまは酷寒の季節なので、スタンドを出たくない。先週はおかげで、後半盛り返したが、今週の失敗は面白いレースが切れ目なく続いていたので席を立てなかったこと。沸騰した頭はそのままの状態で最終レースまで続き、結局は全治1ヵ月。

オサムと飲んだあと、帰路につきながら「大声の宮部」のもう一つの名言を私は思い出していた。それは「丁寧に負けることが大切だ」というものだ。いちばんいけないのは、ヤケになってどかどか突っ込むことだ。同じ負けるにしても、丁寧な負けであるなら次回につなぐことができる。もちろん、勝ちたいのである。勝つのがいちばんだ。しかしそれはなかなか難しい。ならば負けてもいいから、丁寧に負けよう——というのが宮部の名言の真意と言っていい。じっくり検討し、吟味し、熟慮を重ねて、さらにレートを上げないこと。そういう慎重な態度で臨むことが大切だ、ということである。おそらく、宮部は何度も乱暴な買い方をして失敗したんでしょうね。私もこれはけっして他人事《ひとごと》ではない。身に覚えのあることだ。土曜に1ヵ月の負けをくらうと、翌日の日曜は、前日の分を取り戻そうとしなくてもどこかに焦りがあるものだから、ついつい乱暴な買い方になってしまいがちだ。そんなことをしてはいかんよ、と自分を戒めたわけである。

で、迎えた日曜日、その教えが守られたでしょうか。全然守られていない！　はっと気がつくとオッズだけを見ているのである。これを○○円買えばいくらになる、じゃあ○○円買えば、おお、すごい、とかなんとか、オッズをにらんで机上の計算に必死なのだ。もっと冷静になれば、この日のメイン、フェブラリーSを当てることは可能だったろう。ちなみに、日曜のメイン以外にどんなレースがあったのか、まったく覚えていない。ボウズのときはこんなことがよくある（なんと私、土曜も日曜もボウズであった）。当てたレースはいつも反省しているから（なぜもっと買えなかったのかと反省に忙しいのだ）、レースの細部まで覚えているが、あまりに当たらないと何も記憶に残らない。今週がそういう典型的な週であった。

とにかく、「負けを取り戻そうと」「乱暴な買い方」を繰り返すのだから、あまりにひどすぎる。宮部の名言の逆を、ひたすら一直線で、終わってみると日曜も全治1ヵ月。土日で全治2ヵ月の重症というのは昨年の春以来だから10ヵ月ぶりか。東京競馬の開幕週で歴史的な大勝ちをしたトシキも翌週から不調が続いているようで今週もスカ。オサムもまだ復調の兆しがない。最終レース終了後にメールがきたアキラも、どうやら不振のどん底にいる。しかし諸君、歴史的な大敗を喫した私が言っても説得力に欠けるかもしれないが、明けない夜はないのだ。いまは酷寒の真冬のただ中で震えているが、いつかはきっと春がくる。暖かな春が、必ず私たちにも訪れる！

まだ春は遠い

日曜の朝、この日は小倉競馬場に出撃すると言っていたオサムからメールがきた。競馬場の写真が付いている。もう1枚、写真が添付されていたので、なんだろうと思って開けてみると、競馬エイトの占いのコラムのアップだった。その10月生まれの項には「気持ちを新たに再始動の日」とある。オサムは「良い日になりそうです」と書いていた。そうか、「気持ちを新たに再始動の日」か。

このコラム、競馬場について第1Rを迎える前によく見る。で、隣にいる人に「何月生まれ？」と尋ねて、該当月のところを読んで教えることが習慣になっている。私のダメなところは何度も同じことを聞くことだ。オサムは私と同じ10月生まれなのだが、「何月生まれ？」ともう百回は聞いたかもしれない。1回東京の最終週は土日で全治2ヵ月、2回中山初日の前日も全治1ヵ月。なんと3日間ボウズで全治3ヵ月である。抜本的な対策が求められていた。そこで日曜は、レースを極端に絞り、ワイド1点1万円勝負を3レースだけ決行、という馬券作戦を考えていた。これならば全部負けても3万のマイナスで済む。狙うのは10倍前後であるから、一つ当たれば、10万円。二つ当たれば20万円だ。競馬場にいて購入レースが3レースのみ、なんてことはできないだろうが、幸いにもこの日は自宅でＰＡＴ購入である。購入レース以外のときは、本や雑誌などを読んで、気を紛らわせればいい――と思っていたのだが、「気持ちを新たに再始動の日」というのを読んで気が変わった。そんなに、「当てよう当てよう」としなくてもいいのではないか。競馬は本来楽しいものだ。全治3ヵ月の重症を負った直近の3日間を振り返れば、「儲けよう」「取り戻そう」と必死になっていたような気がする。ワイド1点1万円勝負、というのもその背後には「負けを取り戻したい」という思想が隠れている。その切羽詰まった感に、はっと気がついたのである。そんなに必死にならず、笑顔で馬券を買いたい。一つずつのレースを慈しむこと、そのほうがいいのではないか。そうか。それが「丁寧に負ける」ということの本質だ。

というわけで、ワイド1点1万円勝負（ただし1日に3回のみ）、という馬券作戦は中止して、しかしいつもよりも慎重に馬券を買うことにした。すると競馬は面白いんですね。たとえば、小倉4Ｒ、3歳未勝利の芝1200ｍ戦だが、6頭選んで3連複ボックスのオッズを表示させると1点だけ安い目があった。その目以外はすべて万馬券である。3連複6頭ボックスは20点だから、全部100円で買えば総額2000円。でも、2000円使って配当が４０００円ではつまらない。いつもならこういうときはその目だけ１０００円にする。つまり総額が２９００円になる。負けていると、１２０倍くらいの目は５００円にしたりもする。しかし、今日は「気持ちを新たに再始動の日」であるから、いつもと同じではダメと、そのまま購入。結果的には⑰コーラルリーフが逃げ切ったレースなのだが、2番手以降が大混戦。外から⑩マイティスピリットと⑯センショウユウトが一気に差してきて、「差せ差せ差せ差せ」とテレビに向かって叫ぶと見事に2~3着。おお、これなら的中だ、と思った途端、待てよと思った。３連複の⑩⑯⑰というのは、もしかするといちばん安い配当の目ではなかったか。不吉な予感が当たって、この３連複は４９２０円。トリガミでないのだけが救い。

面白かったのは小倉10R小倉城特別（4歳以上５００万下の芝２０００m戦）。買うつもりのなかったレースだが、⑤ハウエバー（8番人気）がパドックで気配がよく、それを見た途端、買いたくなった。相手は、④レッドカイザー（4番人気）、⑦マイネルプレッジ（3番人気）、⑧ドリームソルジャー（1番人気）、⑨アシュワガンダ（7番人気）、⑪レジェ（2番人気）の5頭である。⑤ハウエバーはインの3番手を進んだが、他馬が3コーナー手前から仕掛けても動かない。6~7番手まで下がったが、直線を向くとインから猛然と差してきた。「差せ差せ差せ差せ」と叫ぶと3番手に残る⑦に並んだところがゴール。外から⑪

が一気に迫ってきたが、3着は⑤と⑦の争いだろう。ゴール前のリプレイを見ると、⑤は届いていないように見えたので、この時点で諦めたが、写真判定の結果も⑤がハナ差の4着。たとえ⑤が3着でも、3連複は5880円だったから、たいした配当ではない。でも、なんだか楽しかった。

この日は小倉1Rの3連単147倍を本線で仕留めたので、終わってみたらチャラ。小倉競馬場に出撃したオサムは阪神7Rの3連複188倍を仕留めたと思ったものの買い間違いで当たっておらず、この日もボウズ。朝のうちに馬券を買って麻雀にでかけたアキラは、競馬も麻雀もダメで、「もう心が折れそうです」とメールを送ってきた。まだ春は遠いようだ。

大負けしなければ競馬は楽しい

2回中山4日目の8R。4歳以上1000万下牝馬限定のダート1800m戦だが、2番人気の⑥パレスハングリーと、3番人気の③パイルーチェで堅いように思える。この2頭の馬連が9・5倍。ワイドなら自信があるが、そちらのオッズは3・6から4・2。こういう低配当の目は買わない主義なので、これは却下。では馬連で勝負かというと、そこまでの自信はない。何かが割って入りそうな気がしてならない。じゃあ、やっぱりケンしようか。それほど積極的に買いたいレースでもない。で、返し馬を見たら、⑦アッキー（7番人気）の動きが素軽い。しかし鞍上の柴田大知はいつも強い返し馬をする騎手なので、こういう場合、アテにならない。しかし、念のために③⑥⑦の3連複のオッズを調べてみた。あとで考えると私の見間違いか、急激にオッズが下がったか、そのどちらかだろうと思うのだが、とにかく私が見たのは60倍というオッズだった。2番人気、3番人気、7番人気の3連複が60倍ということはないだろうから、やはりこれは私の見間違いか。あれこれ考えて

2回中山4日　8R　4歳上1000万下

着順	予想	枠番	馬番	馬名	性齢	斤量	騎手	タイム	着差	通過順	上り	人気	単勝オッズ	体重増減	厩舎
1	◎	❹	⑥	パレスハングリー	牝4	52	野中悠	1.54.2		4 3 4	内**38.1**	②	3.3	474-8	南大江原哲
2	△	❺	⑦	アッキー	牝5	55	柴田大	1.55.0	5	2 2 1	中39.2	⑦	19.6	460-6	北高橋文
3		❸	③	パイルーチェ	牝4	55	津村明	1.55.1	½	6 3 2	中39.0	③	6.1	468-8	南鈴木伸
4		❼	⑪	エグランティーナ	牝6	55	田中勝	1.55.1	鼻	10 10 8	中38.2	⑩	41.5	546-8	北鹿戸雄
5	▲	❻	⑨	アルティマウェポン	牝5	55	藤岡佑	1.55.7	3½	6 7 5	内39.2	⑥	16.5	464-6	栗藤岡健
6	△	❺	⑧	ノーブルサンズ	牝5	55	勝浦正	1.55.8	½	⑪ 11 11	外38.7	⑨	28.2	452-4	南田村康
7		❶	①	シトロプシス	牝5	55	田辺裕	1.56.1	1¾	11 12 12	中38.8	⑪	45.9	464-6	南畠山吉
8	▲	❻	⑩	カリーニョミノル	牝4	55	内田博	1.56.1	首	9 9 10	外39.5	⑤	12.1	482-2	栗北出成
9		❸	④	アスタキサンチン	牝6	55	大野拓	1.56.6	3	14 14 14	中39.2	⑬	84.6	462 0	栗松下武
10		❽	⑭	スクラッタ	牝5	53	武藤雅	1.56.7	首	⑥ 7 8	中40.2	⑭	147.3	420-4	南武市康
11		❼	⑫	サクレエクスプレス	牝4	55	ミナリク	1.56.8	¾	4 6 5	外40.4	⑧	20.8	494 0	北加藤征
12		❷	②	ココ	牝6	55	丸田恭	1.57.1	1½	⑭ 12 13	中39.8	⑫	72.3	528-4	栗加用正
13	△	❽	⑬	スプリットステップ	牝4	55	戸崎圭	1.57.8	4	3 3 5	中41.7	①	2.9	500+4	北和田郎
14	○	❹	⑤	トゥールエッフェル	牝5	55	三浦皇	1.58.2	2½	1 1 3	内42.5	④	10.7	540+6	栗加用正

単⑥330円　複⑥150円　⑦420円　③190円　　ブリンカー＝③④
馬連⑥―⑦2250円⑧　　枠連❹―❺1450円⑥
馬単⑥―⑦4060円⑭　3連複③⑥⑦3960円⑪
3連単⑥⑦③19770円㊿
ワイド⑥―⑦830円⑨　③―⑥410円②　③―⑦1660円⑲

も仕方がないので、見ちゃったのも何かの縁だろうから、ええい、この3連複でいっちゃえと、2000円投入。でも何か物足りないので、③と⑥を1〜2着に置いて、⑦を3着に置く3連単を各500円追加。これで合計3000円だ。そこまでずっと負け続けているので、もう資金がやばくなっている。

レースは⑤トゥールエッフェルが逃げ、⑦が2番手。⑥は先行馬群の後ろにつけ、③は中団の外だ。その態勢で淡々とコーナーを回っていく。4コーナーでは⑦が逃げた⑤の横に並び、いつの間にかまくってきた③がその外。⑥はインの4番手。おお、いい態勢だ。私の3頭が全部前にいる。⑤がタレて、何も差してこなければ、万全である。できた、と言いたくなるのはこういう局面だが、そんなことを自慢げに言うと、なにかが絶対に差してくるからじっと我慢。4コーナーを回って直線を向くと、逃げた⑤を⑦がかわし、その外から③が並びかける。そのまた外を⑥が伸びてくる。私の3頭が逃げた⑤をかわして、ゴール前200mの地点で全部先頭にいるという快挙。しかも後ろはちぎれているのだ。こんな展開も久しぶり。いいなあこういうの。だいたいいつもは、軸馬も相手馬もどこにもいないというケースが圧倒的に多いから、いやあ、胸が躍った。

この日はアキラ君を誘って中山競馬場に久々に出撃したが、総武線に乗っていた朝はホントに楽しかった。これとこれが今日の勝負レースなんだよと新聞を広げ、どうして勝負なのかをアキラ君に説明していると、なんだかとても楽しい1日が待っているような気がしてくるのだ。両方とも見事にコケたので、いったいどのレースが勝負レースだったのかはここに書かない。終わってみると、どうしてあれほど自信があったのか、不思議に思えてくる。よくその程度の根拠で馬券を買うよな。終わってみると、冷静にそう思うのだが、今度こういう機会があれば、レースの前に気づいてほしい。こういう日は負けパターンの日である。そこまで、何度も「そのままそのまま」と叫びながらすべて軸馬が差され、またかよと嘆く一方だから、どうしようもない。しかし、今度は大丈夫だろう。⑥が外から一気に差して先頭に躍り出て、2番手に残るのはインの⑦。外の③も踏ん張っている。いくらなんでもこの3頭で決まりだろう。できれば3連単も当てたいから、2着争いは③が制してほしい。そうすると、たしか3連単は100倍はあったはずなので、配当は5万超え。

3連複（最終的には40倍弱）で8万。合計で13万だ。そこに差してきたのが10番人気の⑪エグランティーナ。後ろはちぎれていたはずなのに、この⑪の猛追はすごく、なんだか危ない。おいおい、またかよ、それは勘弁してくれ。「そのままそのまま」の叫びもむなしく、あっという間にその⑪が③と並んだところがゴール。

以前も書いたけれど、キングシート・iのモニターの解像度は悪いので、ゴール前がリプレイされても、よくわからない。普通のモニターならたとえハナ差でもリプレイをみればわかるものだが、キングシート・iの場合は、リプレイでアップになっても画面が暗すぎて細部が見えないのである。2着は⑦で確定だから、3連単馬券は外れている。それははっきりしている。こうなったら3連複だけでいいから取りたい。「同着でもいいですか」とアキラに尋ねられたので「もちろん、それでOK」と返事。とにかく当てたいのだ。神様が最後に味方してくれたようで、3着はハナ差で③。負けをすべて取り返すわけにはいかなかったが、チョイ負けで済んだのはこの中山8Rのおかげである。アキラ君もその後いくつか取ったようで、最終的には負けたものの、「大負けしなければ競馬は楽しいですね」とぽつり。そうなのである。勝たなくても負けなければ競馬は楽しい。それが競馬の真実だ！

日曜午後の奇跡

日曜日の6Rが終わったとき、どうして世の中に競馬なんてあるんだろう、と思った。3週前に全治2ヵ月、2週前に全治1ヵ月、先週は全治半月。ここまでの3週で全治3ヵ月半なのである。しかも今週、前日の土曜はボウズで全治半月、日曜も6R終了時点で半月の負け。このまま行けば日曜だけで全治1ヵ月になることは必至。ということは、この4週で全治5ヵ月ということになる。なんだかすごくつまらない。7R以降に奇跡が舞い降りて大当たりの連続、なんてことがないだろうかと、ちらりと考えたとき、数年前の小倉を思い出した。土曜の後半に突然5本も当たってすごく楽しかったことがあったのである。それまで全然当たらなかったのに、なぜか後半に当たり出したのだ。翌日の日曜は1本も当たらず、まったくのボウズであったから、結局はマイナスの週ではあったのだが、あの土曜の楽しさはまだ記憶に鮮明である。立て続けに何本も当たるとホントに楽しい。あんなことがないかなあ、と思ったとき、もちろん本当にそんなことが今週、自分に起きるとは思ってもいない。あれから数年間、一度もなかったのだ。ただの楽しい夢想である。しかししかし、今週はホントにあったのである。いやあ、競馬は楽しい。

7Rと8Rをケンしたとき、9Rも最初は買う気がなかった。3場の9Rは全部ケンのつもりであった。ところが中山9R館山特別（4歳以上1000万下の芝2000m戦）のパドックをグリーンチャンネルで見ていたら、⑤エニグマバリエートの気配がやけに目につくのだ。調べてみたら、3番人気の馬だ。そんなに人気があるんじゃつまらないか。もしもワイドを買うのなら相手は②フリージングレインだな、でもこの馬も2番人気だから、上位人気馬同士のワイドはつかないか。ええと、7・8倍？　それなら買ってもいいか――とかなんとか検討した結果、ここまで負けたのならあと3000円増えても大勢に影響はないとワイドを購入。この程度の馬券を当てたところで前日までに積もり積もった3週半（全治4ヵ月）の負けは取り戻せないのだが、そんなことを言ってはいけない。まず目の前のレースを当てようと気持ちを切り換えたのである。

すると、この2頭が1～2着（ワイドは680円まで下がっていたが）。結果を先に書くと、この中山9Rを含めて、日曜後半に私はワイドを6レース購入したのだが（あとの5レースは、阪神10Rの②⑫、中京11Rの④⑨、中京12Rの①④、阪神12Rの⑨⑯、中山12Rの③④）、この6本のうち4本がヒットしたから驚いた。阪神の10Rと12Rは外したが、

2回中山6日　11R　アネモネS

着順	予想	枠番	馬番	馬名	性齢	斤量	騎手	タイム	着差	通過順	上り	人気	単勝オッズ	体重増減	厩舎
1	◎	❹	⑤	ハーレムライン	牝3	54	大野拓	1.35.5		2 2 2	中35.2	①	2.7	456-2	北田中清
2	○	❶	①	レッドレグナント	牝3	54	戸崎圭	1.35.7	1½	1 1 1	内35.5	②	3.9	474+8	南大竹正
3		❷	②	ノーブルアース	牝3	54	内田博	1.36.0	2	7 8 7	中35.3	⑥	13.2	466 0	栗牧浦充
4	△	❺	⑥	ダンシングチコ	牝3	54	丸田恭	1.36.2	1¼	10 13 13	内35.2	⑩	30.5	470-8	南大竹正
5	△	❽	⑫	プリンセスノンコ	牝3	54	ミナリク	1.36.4	1½	⑬ 8 7	外35.7	④	8.9	454-4	北加藤征
6	▲	❽	⑬	レッドイリーゼ	牝3	54	松岡正	1.36.5	½	10 10 13	外35.7	③	7.0	442-12	北手塚貴
7	▲	❼	⑪	ラテュロス	牝3	54	吉田隼	1.36.5	首	4 4 3	中36.0	⑤	13.2	422-14	栗高野友
8		❼	⑩	イルーシヴグレイス	牝3	54	石橋脩	1.36.6	首	4 6 7	中36.0	⑪	58.6	396 0	北堀　宣
9		❸	③	クリノフラッシュ	牝3	54	田中勝	1.36.7	¾	7 10 13	中35.9	⑬	92.9	418-4	栗橋田満
10		❺	⑦	アングレーム	牝3	54	江田照	1.36.8	首	7 6 3	中36.2	⑨	22.1	444+6	南矢野英
11		❻	⑧	テンワールドレイナ	牝3	54	柴田善	1.36.9	¾	4 2 3	中36.5	⑧	22.1	462+2	南矢野英
12	△	❻	⑨	ダノングレース	牝3	54	蛯名正	1.36.9	首	⑫ 10 13	中36.1	⑦	16.7	418+6	北国枝栄
13		❹	④	ムーランナヴァン	牝3	54	津村明	1.37.4	3	3 4 3	内36.9	⑫	64.3	432+12	南尾形和

単⑤270円　複⑤120円　①150円　②260円
馬連①—⑤520円①　　枠連❶—❹540円①
馬単⑤—①910円①　３連複①②⑤2410円④
３連単⑤①②8420円⑪
ワイド①—⑤250円①　②—⑤650円⑥　①—②890円⑪

残り４本のワイドの配当は、６８０円、１１２０円、６１０円、１１５０円。これを全部３０００円で仕留めたので配当総額は10万円。ヒットした４本のうちの３本は馬連でも的中していたが（その馬連配当は、２０９０円、５８６０円、３２６０円）、これは悔やまない。ワイドを買うとはそういうことなのである。問題は他にある。このワイド４本以外に、私はさらに２レース的中したのだが（ホントに信じられない。日曜９Ｒ以降のレースは３場で12レースだが、そのうち半分の６レースを的中したことになる）、問題はそちらのほうにある。

阪神11Ｒフィリーズレビューは３連複フォーメーションで当てたので（配当は９１４０円）、これは仕方がない。他の馬券に変えようがない。最大の問題は、中山11ＲアネモネＳだ。このレースのパドックで、②ノーブルアースが超ぴかぴかだったのである。このと

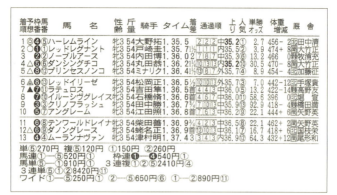

き、ゆっくりとオッズを調べればよかった。ところがなぜか、オッズを調べもしないで「3連単を買おう！」と思ってしまった。相手は1番人気の⑤ハーレムライン。この2頭軸の3連単マルチ、相手は総流し。13頭立てのレースであるから6600円。ええい、これだ。レースは①レッドレグナントが逃げ、⑤ハーレムラインが2番手。この態勢のまま進んでいき、順序が入れ替わっただけでゴールというレースだったが、私の②ノーブルアースは終始インの中団につけ、4コーナーで鋭く伸びてきっちりと3着。久しぶりに3連単が当たったぞと思ったが、その配当を見て、えーっとショック。3連単の配当は、8420円なのだ。なんなのこれ。私の新聞では、②ノーブルアースのところにほとんど印がなかったので、人気薄の馬だと思っていたのだが、なんと6番人気にすぎなかった。ショックだったのは、ワイド②⑤が650円ついたこと。3連単に入れた6600円を全部このワイドに入れていたら配当総額は4万2900円！　それなのに私が手にしたのは8420円である。バカみたい。

そういう失敗はあったけれど、6レースをゲットするという突然の奇跡のおかげで、土曜の負けまで取り戻して今週はぴったりチャラ。そこまで大勝ちしたわけではないので、その前3週分の全治3ヵ月半は取り戻せなかったが、それはいいとしよう。やっぱりワイドだ！

パドックを見たらすぐに買え

フェブラリーSの週に全治2ヵ月の負けを食らってから、このままいけば1ヵ月で全治5ヵ月になってしまうという危機を、先週は日曜午後の奇跡が救ってくれた。それでも助かったのは1ヵ月半だけで、4週間で全治3ヵ月半という事実に変わりはない。問題はどうしてそんなに負けてしまったのかということだ。反省は早いほうがいい、というわけで敗因を分析してみた。そのいちばんは、3連複や3連単を買いすぎたことだ。2月の府中の最初に、ほんの少しそれが当たったのに気をよくして飛ばしすぎたのである。さらにいけないのは、3連複か3連単、そのどちらかを買うだけならいいのだが、他の馬券を重ね買いしたことだ。たとえば、狙った穴馬がいたとしますね。その馬を軸に、まずヒモを7頭まで広げた3連複を買うのである。各100円なら2100円で済むが、21点のオッズを表示させて、50倍というのはつまらないからこの目は1000円にしようとか、100倍の目は300円にしようとか、それぞれ金額を変えていくと、あっという間に3連複だけで6000円くらいになる。次に軸馬から相手を3頭に絞った馬連と3連複、気持ち的にはこれが本線。最初に買った21点の3連複は押さえ。うまくいけば、両方当たる。さらには軸馬を1着と2着に置いて3頭を相手にした3連単の重ね買いがダメ押し。この3連単はおまけだ。こんな買い方をすると、総額で簡単に1万を超えてしまう。全部当たれば10万を超える配当が転がり込んでくるが、そんなことは滅多にないから、全治2ヵ月の道にまっしぐらである。

「先週日曜午後の奇跡」（残り10レース中6レースを当てたのでこう名付けたのだが、私には珍しいことではあるけれど、そんなに大勝ちしたわけではない）のきっかけは、中山9Rのワイド馬券だった。10倍の配当を3000円当てたくらいでは全然マイナスを補填できないのだが、そういうことはもうよろしい、競馬を楽しもうと考え方を切り換えて購入。結果的にはこれがよかった。そして、これがいちばん重要なのだが、ワイド的中には共通するパターンがあることに、終わってから気がついた。それはまずパドックで気配のいい馬と上位人気馬の組み合わせであることだ。パドックでこれはと思う馬がいたら、急いで上位人気馬の中から1頭選び、その相手が決まったら2頭のワイドのオッズを調べ、それが10倍前後か、譲っても7倍以上あれば購入、という流れなのである。もちろん、パドックの気配とは関係なく、データだけで2頭を決めることもあるが、この「パドック選抜＋

上位人気馬」という組み合わせは結構多い。だから、忘れないようにここに書いておく。これからはこの「パドック選抜＋上位人気馬」という組み合わせの「ワイド馬券」を馬券作戦の中心にすると。オッズが7倍以下の場合の対処法も書いておくと、これもこれまで自然にやっていたのだが、今後は基本フォームとしておきたい。その2頭を軸にして3連複を検討し、ヒモを3頭選んでオッズを調べ、30倍以上の目を各1000円で3点購入するのだ。つまりワイドも3連複も、予算は3000円、ヒットすれば配当は10倍の3万円ということになり、同じなのである。

ということを念頭に置いて今週の結果を振り返ると、痛恨は日曜中山7R。4歳以上500万下のダート1800m戦だが、前日予想で選んだ本命は⑬リンガスネオ、対抗は③カブキモノ。新聞に多くの印がついた2頭なので人気馬だろうが、そのまま購入するかどうかは当日オッズを調べてから判断しようと宿題にした（2番人気と3番人気の組み合わせなのに、ワイドが8~9倍ということはよくあるから、印がたくさんついているからといって、諦めるには早すぎる）。で、当日人気を調べると2番人気と1番人気で、オッズは3倍を切っているから論外。さて、どうしよう。それではこの2頭を軸にして3連複かなあ、と思いながらパドックを見たら、⑮シンコーマーチャンが超ぴかぴか。今週はオサムと中京競馬場に出撃したので、この中山7Rのパドックはモニター観戦だが、土曜、日曜通していちばんのデキ。急いで調べると8番人気の馬だ。相手は前日検討で選んだ1〜2番人気のどちらかだろうが、さあ、どちらにするか。というところで、他場の締め切りが迫っていたので、頭をそちらに切り換えてしまった。3場開催というのはホントに忙しく、あっと気がつくと中山7Rは終わっていて（その段階でも⑮シンコーマーチャンにぐりぐりのパドック印をつけたことを忘れていた）、結果を新聞に書き込むときにようやく気がついた。中山7Rを勝ったのは、1番人気の③カブキモノで、2着がなんと⑮シンコーマーチャン（リンガスネオは13着）。その馬連が3490円、ワイドは1200円だ。馬券を買ったとしても⑮の相手に③を選んだかどうか、なんてわからないが、パドックを見たらすぐに買え！

JRAダイレクトのすごいシステム

なにそれ？　と思わず私、笑ってしまった。古い友人と久々に会ったのである。で、再会を祝して飲むことになったのだが、彼が競馬ファンであることを知って話が弾んだ。彼と昔、しょっちゅう会っていたころは競馬をやっていなかったので、そういう話ができるとは思わず、とても楽しい酒であった。笑ってしまったのは、彼が最近「JRAダイレクト」で馬券を買うことが多い、という話をしたときだ。その名称を聞いたことはあるが、その中身を知らなかった。聞いて、びっくりである。馬券の最低購入単位は1000円、というのはいいとしよう。違うか。1回の通信における最低購入単位が1000円だ。彼の話を要約しながらいま、書いているので、あるいは細かなところで違っているかもしれないことを、最初にお断りしておく。たとえば、9Rの1番の単勝を100円、1番から5頭へ馬連を各100円、1番からその5頭へワイドを各100円。これで合計が1100円になる。これで最低購入単位の1000円を満たすことになるので、ようやく通信できる。

そうですよね、これで合っていますよね。当たったらすぐに入金されないのは、昔の電話投票と同じだから、これもいいとする。問題は、1日に3回しか買えないことだ。ここで私、笑ってしまった。何なのそれ。9Rを買って、10Rを買って、メインを買ったら、もう最終は買えないのだ。よく聞いてみると通信が1日3回まで、ということだから、まとめて9~11Rの馬券を買えばいい。そうするとこれで1回だから、まだ2回分残っているので最終レースの馬券を買うことができる。だから、朝まとめて購入する人に向いている、とは言えるかもしれない。しかし最大の問題は、購入制限があって、それが月に5万まで。お財布に優しいシステムということだろう。私には物足りないが。

「JRAダイレクト」を知っている人には今さらのことだったかも知れないが、そんなに制限をつけた買い方があるとは思ってもいなかった。知ってましたか？　どうして彼がその「JRAダイレクト」を使っているかというと、ある日、PATの口座残高がなくなったというのだ。ところがもっと馬券を買いたい。なんとか方法がないものかと調べたら、その「JRAダイレクト」があったという。クレジットカードの番号を打ち込めば、それで即馬券購入ができるというから、便利といえば便利だ。で、買ってたら突然買えなくなり、そこで初めて1日3回までというルールを知ったという。それにしても、PATの残高がなくなったときにも馬券購入の手段があるとは、すごい。「金がなくても買えるのが怖いよね」と彼は言っていたが、なるほど、ＪＲＡにもなかなかの知恵者がいるということだ。

なかなか馬券の話にならないのは、なにもいいことがなかったからである。たとえば日曜日、私が買ったワイドは13本、これがすべて外れ。かすりもしないのである。たとえば阪神７Ｒ。３歳５００万下のダート１４００ｍ戦だが、このパドックで気配が目立ったのは、④ヴァルディノート（５番人気）と、⑦ノーウェイ（３番人気）。このワイドが13〜14倍。いつもならこの２頭のワイドを買うところだが、ずっと不発が続くと自信がなくなってくるので、このレースで私が買ったのは、⑦ノーウェイと⑫ヌーディーカラーとのワイド３０００円。この⑫は１番人気の馬なので、ワイド⑦⑫はなんと５・５倍（最終的には、４・５〜５・１）。そんな低配当の目を買ってはいけないのに、とにかく当てたいと焦っていた、ということだろう。もちろん、低配当なら当たりやすくなる、というのは錯覚で、⑫は２着したものの、⑦は７着。どうせなら１番人気の相手に⑦ではなく、④を選べばよかった（ワイド④⑫は８・８〜９・６）。そうすると④は４着だったから、同じく外れでも少しは楽しめたかも。

いちばんつらいのは、パドックでぴかぴかの馬がこないことだ。中山６Ｒの⑨メイラヴェルは３着したものの（１番人気で３着だから人気以下だ）、中山８Ｒの⑭グレーパールは１番人気で何着だったと思いますか？　なんと16着（ビリ！）だ。この２頭とも１番人気の馬なので馬券は買わなかったから個人的には被害はなかったけれど、パドックの気配が結果に反映されないのは、今後のことを考えると大変に困る。この日の阪神最終も同様だ。このレースのパドックで気配が目立ったのは、④エルデュクラージュ（3番人気）と、⑫カフジキング（2番人気）。上位人気馬同士なので、このワイドは5～6倍。1万入れるかどうか、最後まで迷ったことを告白しておく。昔の私なら、ええい、2万入れちゃうぞ、となっていた可能性が高い。もう昔の私ではないので馬券は見送ったが、⑫は2着したものの、④は5着。いくら突っ込んでもダメであった。神様、春はいつくるんでしょうか？

パンダTシャツと生田神社

土曜の夜、三宮の串揚げの店を出てホテルに戻る途中で、「生田神社にお参りしていきましょうか」とアキラが言った。夜遅い時間だったので、シャッターのようなものが下りていて中へは入れなかったが、そのシャッターに隙間があり、向こう側に賽銭箱が置いてある。そこで、その隙間からみんなが小銭を入れた。まずアキラが100円、次にオサムが50円、私が10円、最後にトシキが6円（それにしても、6円って何だ?）。酒を飲んだ帰りの、冷やかしというか、ゲン担ぎである。その翌日、日曜阪神の4Rで、4万3380円の馬連と、7420円のワイドをアキラが当てたとき、「あっ、100円の効果だ」とすぐに前夜のことを思い出した。50円も10円も6円も効果がなかったけど、100円のアキラに博打《ばくち》の神様は微笑んだのである。いや、生田神社は博打の神様を祭っているわけではないだろうから、ただの楽しい妄想である。府中に行くとき必ず大國魂神社の前で立ち止まり、礼をしていくように、私、こういうのが好きなんである。

今週は、たそがれのトシキ、編集者アキラ、そして私の3人が西下し、福岡からオサムがやってきて阪神競馬場に集結。大阪杯ウイークを楽しむことになったが、とにかくアキラが大爆発。日曜はこの阪神4Rの大万馬券以外にも、中山7Rの3連複3530円を仕留めているから、生田神社の霊験はあらたかだ。しかしその前日の土曜も、アキラは当てまくったのだ。中山3Rの馬連2840円、6Rの馬連2410円と3連複3990円、12Rの3連複9520円と、大万馬券はなかったものの、中穴馬券を次々に当てたから、すごい。あとで聞いたのだが、その土曜日は以前勝った日に着ていたパンダTシャツを着てきたという。そうか、もともと君はそういうゲン担ぎの人だったのか。それではこれから、ゲン担ぎのアキラと呼ぼう。このアキラは面倒見のいい男で、金曜、土曜の祝勝会場（一応そういう名目なのである）の予約を頼んだのだが、金曜は中華、土曜は串揚げ、ときちんとわけて予約し、しかも行ってみたらなかなかおいしかったから、大正解。そういう店を捜し出す才能に恵まれてるということだろう。幹事体質の人間というものはいるものである。私はよほどの不満がないかぎり、前年の店に行くことにしている。新しい店を探すのが面倒なのだ。だから、いつも同じ。福島でも名古屋でも京都でも小倉でも、毎年同じ店に行っている。

阪神競馬場は初めてということなのに、私が案内するまでもなく、アキラはどんどん先

3回中山3日　10R　千葉日報杯

着順	予想	枠番	馬番	馬名	性齢	斤量	騎手	タイム	着差	通過順	上り	人気	単勝オッズ	体重増減	厩舎
1	△	❺	⑨	イノバティブ	牡4	57	勝浦正	1.08.6		13 11 7 外	33.7	④	7.6	464－ 2	(南)相沢郁
2		❼	⑭	シゲルタイガー	牡4	57	北村宏	1.08.8	1½	16 16 16 外	**33.3**	⑩	31.0	502－12	(北)伊藤圭
3	△	❷	③	ジュンザワールド	牡5	57	大野拓	1.08.9	首	2 2 1 内	34.7	⑤	10.3	530－ 6	(南)勢司和
4	◎	❹	⑧	ショウナンアエラ	牡4	57	吉田隼	1.08.9	首	4 5 7 中	34.5	①	2.6	484－ 6	(南)奥村武
5	▲(白)	❹	⑦	スペチアーレ	牝6	55	戸崎圭	1.09.0	½	2 2 2 中	34.8	③	6.8	500＋10	(南)矢野英
6	▲	❶	①	ワイナルダム	牡4	57	松岡正	1.09.1	½	6 5 5 内	34.6	②	4.6	460 0	(北)水野貴
7		❸	⑤	ウインハートビート	牡5	57	ミナリク	1.09.2	½	9 8 7 中	34.6	⑪	42.3	494－ 2	栗東宮本博
8		❺	⑩	オーバースペック	牡4	57	岩部純	1.09.2	頭	⑭ 14 14 中	34.2	⑫	103.3	492－ 4	(北)南田美
9		❷	④	シンフォニア	牝6	55	武藤雅	1.09.2	鼻	11 11 10 内	34.4	⑬	115.7	500＋14	(南)戸田博
10		❼	⑬	ダイイチターミナル	牡4	57	杉原誠	1.09.2	首	9 10 10 外	34.5	⑭	131.2	454－ 4	(北)高市圭
11		❶	②	アイファープリティ	牝5	55	内田博	1.09.2	頭	8 5 5 中	34.8	⑥	13.7	450 0	栗東鮫島一
12		❻	⑪	シルヴァーコード	牝6	55	柴田大	1.09.2	鼻	6 8 ⑩ 外	34.6	⑮	158.4	482－ 2	(北)粕谷昌
13		❽	⑮	イリスファルコン	牝4	55	丸山元	1.09.3	首	4 2 3 中	35.1	⑯	275.6	428－ 4	(北)南田美
14	○	❽	⑯	イキオイ	牡6	57	三浦皇	1.09.5	1½	15 15 ⑮ 中	34.4	⑧	24.8	450－ 4	(北)杉浦宏
15	△	❸	⑥	トーホウハニー	牝6	55	蛯名正	1.09.6	首	12 11 10 中	34.8	⑦	21.4	448 0	(北)田中清
16		❻	⑫	エナジータウン	牡6	57	藤岡康	1.09.6	首	1 1 3 中	35.5	⑨	29.6	448－ 8	栗東藤岡健

単⑨760円　複⑨250円　⑭760円　③330円
馬連⑨―⑭12140円㊱　　枠連❺―❼7280円⑳
馬単⑨―⑭19820円㉛　３連複③⑨⑭35250円93
３連単⑨⑭③218490円556
ワイド⑨―⑭3120円㉞　③―⑨1190円⑬　③―⑭3920円㊵

を歩いていく。西宮北口で乗り換えるときも、間違った方向に行こうとしたら「そっちじゃありませんよ、こっちですよ」と言われてしまった。なんで、そんなに知っているの？

アキラに言わせればスマホがあれば、だいたいのことはわかると言う。そうなんだ。私自身の馬券の話になかなかならないのは、もやもやしたものがずっと残っているからである。いや、土曜は楽しかったのだ。阪神2R（3歳未勝利のダート1200m戦）で7番人気⑤ワークアンドワークの返し馬が素軽かったので単複各1000円を購入すると、3番人気②ライリーと直線叩き合ってハナ差の2着。もし1着なら単勝は31倍だった。ダントツ人気の⑩アメリカンエースを疑ってしまったので690円のワイド⑤⑩も買わず、結局当てたのは360円の複勝のみ。それを阪神7Rの⑤ワンダーバイファル（4番人気）の複に転がした

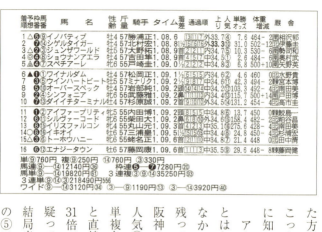

とき、なぜか3600円ではなく、3800円と勘違いして投入。首尾よく⑤ワンダーバイファルが1着した複勝が240円。これで複ころが9120円になったので、端数を切り捨てた残りの9000円を、中山10R千葉日報杯の⑭シゲルタイガー（10番人気）の複に突っ込んだ。その⑭が4コーナー最後方から差してきたときにはしびれた。「キタムラキタムラ！」とモニターに向かって叫びっ放し。この⑭が2着に上がったところがゴール。ワイド⑨⑭3120円は仕留めたものの、馬連が1万2140円。おいおい、馬連も買えよ。複勝が760円ついたので、土曜の勝ちは確定したが、うまく買えばもっと儲かっていたのに、という思いは禁じえない。

しかし、もやもやしているのは、そのためではない。日曜メインの大阪杯を予想で当てたにもかかわらず、全然儲からなかったのである。6番人気の⑤ペルシアンナイトが本命だったのだ。1週間考えて考えて、それでようやく土曜の夕方に、この馬と心中する決心がついたのである。それで馬券は3万購入。最近の私にしては多い。で、当てたのが2930円の馬連1000円だけ。なんと、トリガミである。バカなんじゃないのこいつ。予想が当たること自体珍しいことなのだから、そういうときこそがっちりと儲けておきたいのに、千載一遇のチャンスを逃してしまうのである。どこで間違えたのか。何が原因なのか。ずっともやもやしたまま帰京したのである。

なぜ買わないんだ！

　また今週も阪神に行ってきた。これまで中京→福島という連闘の遠征をしたことはあるが、阪神→阪神という同じ競馬場に連闘で遠征したことはない。大阪杯と桜花賞を見たかった、ということなのだが、日曜日の朝、阪神競馬場に向かいながら、なんだかなあと思っていた。実は昨年から、阪神競馬場に行くときは三宮に泊まることにしている。以前はいつも大阪駅前のホテルに泊まっていたのだが、外国人の観光客がこの数年で飛躍的に増えて、大阪の宿はとりにくくなっている。そこで、阪神競馬場は大阪から行っても、三宮から行っても、ほぼ同じ距離であることに気づいて、宿泊先を変更したのである。だから今年も神戸三宮のホテルに泊まった。

　先週は3月30日の金曜に三宮入りし、土日と戦って日曜に帰京。今週は4月6日の金曜に三宮入りして日曜に帰京。つまり、3月30日から4月8日までの10日間のうち、6日間も三宮にいたことになる。先週は、トシキにアキラにオサムとの四人旅で、今週はオサムとの二人旅との違いはあるが、土曜に飲んだ店も2週連続で同じだし、同じ道を何度も歩いた。東京にいた4日間も、先週の競馬場で突如タブレットが故障したので新しいものを買いに走ったり、機械類に詳しい知人にいろいろ操作方法を教えてもらうために会いに行ったり、花見の会に参加したりで、ほとんど仕事をしていない。だから、すぐ阪神にトンボ帰りしたような気分である。そのために大阪杯と桜花賞が、実感としては連続しているのだ。すると人間はどうなるか。なんだか飽きちゃうのだ。新鮮さがないのだ。日曜の朝、阪神競馬場の入場門をくぐるとき、いつもならちょっと胸が躍るものだが、今週は、またここなのかよ、と思ってしまった。まったく困ったものである。

しかも、いいことが一つもないのだ。たとえば土曜中山の最終レース（4歳以上500万下のダート1200m戦）で、私が買ったのは、ワイド⑥⑪を5000円。⑥ライバーバードは1番人気の馬だが、⑪チリーシルバーは6番人気の馬で、そのワイドは8・8～10・2倍。それを5000円買ったということは、私がいくら必要としていたかがわかるというものだ。で、レースはその⑪がぽんと飛び出して快調に逃げたのである。中団につけていた⑥もいつの間にか4コーナーでは外の3番手にいて、直線はその2頭の叩き合い、後続は少し離れている。ゴール200m手前で先頭に立っていても、その脚いろが怪しい場合、これは後ろからどっと差されて馬群に沈むなとわかるものだが、⑪の脚いろは全然衰えず、この場合は安全圏。あと１００mを切ってもまだ大丈夫なのだ。「そのままそのまま」とモニターに向かって叫んでも、それほど必死ではなく、気持ち的には少し余裕がある。もっとぶちこめばよかった、と瞬間ちらりと考えたことを告白しておく。実は1万入れちゃおうかと一度は考えたのだ。でもそういうことをしてはいかん、と自分に言い聞かせたのである。言い聞かせなければよかったな。

モニター観戦なので、先頭を行く2頭のアップになると、後続がどの程度離れているかが画面に映らない。だから、突然だった。画面の外から突然2頭が襲いかかってきた。そんなバカな。お前たちはどこにいたの！　差してきたのが1頭だけなら、私の買った馬券はワイドなのだから問題ないのだが、2頭もきてはダメ！「そのままそのままそのまま！」、さっきまでは余裕の声援だったのに、突如必死の声援になり、前の2頭に外の2頭が並びかけ、あああああと叫んだところがゴール。なんだか、いやな予感である。リプレイを見ても、勝った馬を挟んで、内の⑪に、外の①トウショウデュエルと④タイガーヴォーグがいるので、2～4着の差は判別しづらい。しかし、これは差されたなという予感通り、私の⑪はハナ、ハナ、ハナの4着。ゴールが5メートル手前にあれば、⑪は3着だったろう。

日曜の痛恨は、阪神9R忘れな草賞。前日検討では、このレースの①⑨というワイドを購入する予定だった。①リュヌルージュは10番人気で、⑨オールフォーラヴは1番人気。

2回阪神6日　9R　忘れな草賞

着順	予想	枠番	馬番	馬名	性齢	斤量	騎手	タイム	着差	通過順	上り	人気	単勝オッズ	体重増減	厩舎
1	◎	❻	⑨	オールフォーラヴ	牝3	54	川田将	2.00.5		7 6 3 中	36.4	①	2.1	442−8	栗東中内田充
2		❶	①	リュヌルージュ	牝3	54	福永祐	2.00.5	鼻	4 6 6 内	36.4	⑩	52.0	446 0	栗東斉藤崇
3		❼	⑪	ゴージャスランチ	牝3	54	横山典	2.00.6	½	⑭ 14 13 外	**35.1**	⑦	35.5	486+8	北鹿戸雄
4	▲	❺	⑧	ソシアルクラブ	牝3	54	岩田康	2.00.7	首	⑫ 12 10 外	36.0	⑤	10.4	452+2	栗東池添学
5		❽	⑬	ウインラナキラ	牝3	54	大野拓	2.01.1	2½	12 12 12 外	36.0	⑬	122.0	398+6	栗東宮　徹
6		❹	⑥	シグナライズ	牝3	54	ルメール	2.01.2	½	6 2 2 内	37.7	③	5.5	484 0	栗東藤原英
7	▲	❽	⑭	アモーレミオ	牝3	54	戸崎圭	2.01.2	鼻	10 8 6 外	36.8	⑥	30.1	474−8	美浦勢司和
8	○	❼	⑫	ランドネ	牝3	54	武　豊	2.01.7	3	2 3 3 内	37.8	②	4.1	510−2	栗東角居勝
9	△	❹	⑤	マリアバローズ	牝3	54	和田竜	2.01.9	1	7 8 8 内	37.5	⑫	69.8	426−2	栗東石坂正
10	△	❷	②	アリストライン	牝3	54	Mデムー	2.02.0	¾	11 10 11 内	37.3	④	9.4	454 0	栗東高野友
11	△	❸	④	トーホウアルテミス	牝3	54	松若風	2.02.3	2	3 4 8 中	38.0	⑧	35.8	474+10	栗東谷　潔
12		❻	⑩	スターリーステージ	牝3	54	石橋脩	2.02.5	1	4 4 5 中	38.5	⑨	39.9	440−8	栗東音無秀
13		❸	③	クリノクリストフ	牝3	54	国分恭	2.02.6	½	7 10 14 内	37.3	⑭	599.1	434−15	栗東大根田裕
14		❺	⑦	サヤカチャン	牝3	54	幸　英	2.03.0	2½	1 1 1 内	40.4	⑪	61.7	458−4	栗東田所秀

単⑨210円　複⑨130円　①950円　⑪660円　　ブリンカー＝⑦
馬連①―⑨4990円⑯　　枠連❶―❻6630円⑲
馬単⑨―①6980円㉔　３連複①⑨⑪28400円㊆
３連単⑨①⑪105550円285
ワイド①―⑨1590円⑮　⑨―⑪1220円⑬　①―⑪7160円㊺

①リュヌルージュの単勝は52倍（複勝は950円）だったから、よく⑨オールフォーラヴの相手に抜擢したよなと思う。で、本当にこの馬が2着したのである。しかも⑨オールフォーラヴと激しく叩き合って、ハナ差負けの2着だから惜しかった。その馬連は4990円、ワイドは1590円。これを仕留めていれば、この日はプラスだった。「福永がきました福永がきました」と直線でオサムが叫んだとき（①の鞍上が福永だった）、おおお、と頭をかきむしりたくなった。どうして買わなかったのか、自分でも理解できない。その他のレースで前日検討の結果が全然ダメで、それで自信をなくしたとしか考えようがない。こんなやつにメインが当たるわけがない。うなだれて帰京したのである。

そのとき時間が止まった

ＧＩの週になると、予想を送ってくれ、と言ってくる知人たちがいる。私の予想なんて当たらないから、と言っても、それでもいいから送ってくれ、と言うのだ。素人の予想であっても書くのは大変である。本命はこれ、対抗はこれ、と結論だけを書くならば簡単だが、そういうわけにはいかない。読む人を納得させるだけの論理が必要だ。だから、データを駆使し、論理を積み上げ、それを平易にそしてドラマチックに書かなければならない。書き上げるのに2時間、3時間はかかってしまう。それなのに一度も当たらないのだ。知人たちに予想を送るようになってから2年になるが、その間、なんと一度も当たっていない。最初に送ったのは一人だが、おれにも私にもと増えて、いまでは6人に送っている（すべてのＧＩ予想を送っているわけではない。春ならば皐月賞とダービーだけ。秋は秋天、ジャパンＣ、有馬記念だけ。つまりこれまで2年間に10回送って的中ゼロ）。今年は、この皐月賞が予想のスタート。いつもなら木曜夕方には送るのだが、大本命の回避と週末の雨予報で、予想が難しく、結局みなさんに送ったのは金曜夕方だった。

その結論だけをここに書くと、本命は⑦エポカドーロ。この馬を1列目に置き、2列目は、⑮ステルヴィオ、③ジャンダルム、⑭サンリヴァルの3頭。3列目は、その3頭プラス、②ワグネリアン、⑨オウケンムーン、⑩ジェネラーレウーノ、⑫グレイル。この3連複15点と、⑦エポカドーロから2列目の3頭への馬連3点が、今年の皐月賞の結論だった。最後の一文はこうだ。「ワグネリアンやステルヴィオの差しが不発に終われば、エポカドーロとサンリヴァルの逃げ先行馬券で決まる確率も高い。これは、今年の皐月賞で最大のお楽しみ馬券だ」。みなさんに予想を送った段階では、こんなの当たるわけがないよな、と考えていた。なにしろ2年間、一度も当たったことがないのだ。競馬はそんなに甘いものではない。

日曜は朝から雨で、中山まで行くのが面倒だった。誰と約束しているわけでもないし、やめちゃおうか。家でも馬券を買えるんだし、わざわざ遠い中山まで行くことはないよな、そう思いながらせっせと支度している自分に気がついた。行くんかい。予想を送った金曜には自信がなかったが、日曜の昼には自信が湧いてきて、昼すぎに馬券を買ってしまった。自信のあるときに3連複ではもったいない。こういうときこそ普段は買わない3連単を買うべきではないか。というわけで、⑦エポカドーロが1~3着の馬券を3通り購入。

3回中山8日 11R 皐月賞

着順	予想	枠番	馬番	馬名	性齢	斤量	騎手	タイム	着差	通過順	上り	人気	単勝オッズ	体重増減	厩舎
1	△	❹	⑦	エポカドーロ	牡3	57	戸崎圭	2.00.8		4 4 4 中	35.1	⑦	14.5	492 0	栗藤原英
2		❼	⑭	サンリヴァル	牡3	57	藤岡佑	2.01.1	2	5 5 5 中	35.2	⑨	24.6	488-12	栗藤岡健
3	▲	❺	⑩	ジェネラーレウーノ	牡3	57	田辺裕	2.01.4	1¾	2 2 2 中	37.6	⑧	17.8	496 0	国矢野英
4	◎	❽	⑮	ステルヴィオ	牡3	57	ルメール	2.01.4	首	16 16 13 外	**34.8**	②	3.7	460- 6	北木村哲
5	▲	❸	⑤	キタノコマンドール	牡3	57	Mデムー	2.01.4	鼻	16 16 13 外	**34.8**	③	6.3	502+12	栗池江寿
6		❻	⑫	グレイル	牡3	57	岩田康	2.01.4	鼻	⑯ 16 13 中	**34.8**	⑩	25.1	494 0	栗野中賢
7	○	❶	②	ワグネリアン	牡3	57	福永祐	2.01.6	1½	11 10 ⑫ 外	35.2	①	3.5	452+ 2	栗友道康
8		❸	⑥	アイトーン	牡3	57	国分恭	2.01.8	1	1 1 1 内	38.3	⑫	70.7	472- 2	栗五十嵐忠
9		❷	③	ジャンダルム	牡3	57	武　豊	2.01.8	頭	⑪ 10 11 中	35.4	④	9.6	492+ 8	栗池江寿
10	△	❶	①	タイムフライヤー	牡3	57	内田博	2.01.9	¾	8 8 7 中	35.8	⑥	12.3	454- 4	栗松田国
11		❹	⑧	ケイティクレバー	牡3	57	浜中俊	2.02.0	首	5 5 5 中	36.1	⑪	54.3	444- 2	栗安田翔
12	△	❺	⑨	オウケンムーン	牡3	57	北村宏	2.02.2	1¼	⑪ 10 7 内	35.8	⑤	9.7	454- 4	北国枝栄
13		❻	⑪	マイネルファンロン	牡3	57	柴田大	2.02.3	¾	7 5 7 中	36.3	⑬	151.8	460+ 2	北手塚貴
14		❼	⑬	ダブルシャープ	牡3	57	和田竜	2.02.5	1	8 8 7 中	36.4	⑭	159.5	466- 6	栗渡辺薫
15		❽	⑯	ジュンヴァルロ	牡3	57	大野拓	2.03.1	4	2 2 3 中	39.3	⑮	315.0	486 0	栗友道康
16		❷	④	スリーヘリオス	牡3	57	柴田善	2.04.4	8	8 10 16 中	38.1	⑯	410.4	484+ 4	栗村山明

単⑦1450円　複⑦430円　⑭580円　⑩530円
馬連⑦—⑭12880円㊳　枠連❹—❼9520円㉘
馬単⑦—⑭23570円㊵　３連複⑦⑩⑭53410円134
３連単⑦⑭⑩372080円821
ワイド⑦—⑭3250円㊲　⑦—⑩3010円㉝　⑩—⑭4290円㊸

しかも1着のときはいちばん配当が大きくなるように各300円、2着のときは200円、3着のときは100円。オッズで変えるのではなく、自信度で変えるのでもなく（正直言って、それほど1着に自信があったわけではない）、あくまでも願望順。くるなら頭でこい戸崎（⑦エポカドーロの鞍上が戸崎なのである）。

皐月賞までにもいくつかのドラマはあったのだが、全部省略。3頭がこれほどガンガン飛ばすとは思ってもいなかった。⑥アイトーン、⑩ジェネラーレウーノ、⑯ジュンヴァルロの3頭がぐんぐん飛ばして1000m通過が59秒2。離れた4番手が⑦エポカドーロ、そのすぐ後ろに⑭サンリヴァル。4コーナーを回って直線を向くとまず⑯がタレ、上がっていったのが⑦。ここで私、立ち上がってしまった。「戸崎戸崎戸崎！」「トサキトサキトサキ！」。もう絶叫である。⑥もタレ、先頭に躍り出た⑩を⑦が猛追する。「戸崎戸崎戸崎！」

「トサキトサキトサキ！」。⑦が⑩をかわして先頭に立ったとき、後ろを見るとそこにいたのが⑭。おお、お前だ！　お前がいい！」「戸崎戸崎」「藤岡藤岡！」。結局は⑦→⑭で決着。3着は内で残る⑩に後続馬群が襲いかかったが、何が3着なのかはわからない。しかし1着が⑦エポカドーロで、2着が⑭サンリヴァルであることは間違いない。ある意味では本線通りの決着だ。拳を天に突き上げて、「よし！」「よし！」「よし！」と3回。競馬を始めて40年以上になるが、こんなガッツポーズをしたのは初めてである。ゴール前のリプレイがターフビジョンに流れたのでそれを見ると、3着は⑩ジェネラーレウーノが残っている！　おお、3連単も当たりだ。

そう思った瞬間、不吉な予感がした。⑦エポカドーロから⑭サンリヴァルへの馬連を買っていなかったことを思い出したのである。どうして忘れたんだろう。しかももっとイヤな予感。⑦の1着は買っている。⑭サンリヴァルの2着も買っている。⑩ジェネラーレウーノの3着も買っている。この3頭は1〜3着バージョンすべてを買っている。しかし⑦→⑭→⑩という組み合わせは買っただろうか。急いで調べた。イヤな予感ということは、この組み合わせだけ買わなかったような気がしたからだ。案の定、抜け。どうしたんだおれ。どうして買わなかったんだ？　そこで時間がぴたっと止まった。

予想は完璧だったのに

先週の話の続きだが、予想は完璧だったのに馬券がまったく当たっていない――という現実を処理しきれずに、中山競馬場の指定席で瞬間フリーズしてしまった。ふらふらと立ち上がったのは覚えているが、その後が空白で、次にはっと気がついたときは自宅にいた。たくさんのメールが入っていた。「ばっちり当たりましたね！　おめでとうございます」「鼓動の高まりが聞こえてきました！　コングラッチュレーションズ！」「1着2着完全的中！　3連単も！　すごい。おめでとうございます」「完璧予想でしたね。神か！と思いました」「3連複が当たりました」「馬連と馬単を取りました」。それらのメールをぼんやりと見た。文字を追っているだけで頭には入ってこない。あんまり私の反応がないものだから、「心臓発作を起こしているではないかと心配になってきました」というメールもきた。そのときはぼんやり見ていただけなので気がつかなかったが、翌日に読み返すと、これはアキラからのメールだった。トシキからは「称賛の嵐の中、外したとか言わないでね。あ、期待してるわけじゃないからね」。誰にも返信せず、まったく反応がなかったので、これは怪しいと思ったのでしょう。皐月賞が終わってから24時間、誰とも話さず、メールも打たず、ようやく冷静になったのは月曜の夕方だった。

予想は完璧だったのに、なぜ馬券を外したのか。それを冷静に振り返りたい。1着が⑦エポカドーロ。この馬を1列目に置き、⑮ステルヴィオ、③ジャンダルム、⑭サンリヴァルを2列目に置き、3列目はその3頭プラス4頭。4頭は内から順に、②ワグネリアン、⑨オウケンムーン、⑩ジェネラーレウーノ、⑫グレイル。この3連複15点と、⑦エポカドーロから2列目3頭への馬連3点――というのが、私の皐月賞予想であった。その予想通りに買うと、5万3410円の3連複と、1万2880円の馬連が当たっていた。実際には3連複を買わずに3連単にしたのだが、それでも予想通りに買えば、⑦エポカドーロの1着バージョンは300円買っていたから、37万2080円の3連単が300円当たって100万超えだったことになる。では、なぜ馬券を外したのか。

金曜の夕方に私が知人たちに送った予想は、重予想だったのである。日曜は朝から本降りという天気予報を信じ、昨秋の菊花賞や秋天ほどではないにしてもそれに近い重馬場を想定したものであった。それならば人気の差し馬が不発であっても不思議ではない。サンリヴァルとエポカドーロの逃げ先行馬券が面白い、というのはそういうことでもある。ところが雨が昼前に上がってしまったのだ。全然想定と違うのである。これでは人気の差し馬がくる可能性は大。少なくともワグネリアンかステルヴィオのどちらかは3着以内にくるのではないか。ならば、予想を少しだけ変えよう。どう変えるか。選択した8頭は変えず、並びだけを変更しよう。ようするに、⑦エポカドーロ本命は変更しないということだ。これをA群とする。で、人気2頭、つまり②ワグネリアンと⑮ステルヴィオをB群とする。残りの4頭（⑨オウケンムーン、⑩ジェネラーレウーノ、⑫グレイル、⑭サンリヴァル）をC群とし、そのABCの組み合わせにしたのである。つまり、ABBもないが、ACCもなし。つまり、2着の⑭サンリヴァルと3着の⑩ジェネラーレウーノは両方ともC群なので、これでは私の馬券は当たらないのだ。

もしもハナ差4着の⑮ステルヴィオが3着だったら、A→C→Bという順だから私の変更馬券は当たっていたのだが（その場合は11万馬券）、こういうときに限って無情にも4着。この馬券の変更には、大阪杯のことも理由としてあった。あのときは6番人気のペルシアンナイトが本命だったのだが、結局勝ったのは1番人気のスワーヴリチャードで、その馬連しかゲットできなかったことを思い出したのだ。7番人気の⑦エポカドーロから入っても、荒れることなんてなくて、相手はまた上位人気馬じゃないのか。そういう思いがちらりとあったことは否定できない。で、昼すぎに馬券を買ってしまったのだが、9Rの鹿野山特別を見たときは変更馬券に自信を持った。１０００万下のハンデ戦だから条件は全然違うのだが、皐月賞と同じく芝２０００ｍのこのレースを勝った馬も2着も、さらには3着馬も全部4コーナーで後方にいた馬だったのである。なんだよ、やっぱり差し馬がくるんだ。パドックで、②ワグネリアンと⑮ステルヴィオがよく見えなかったときには（パドックでいちばんよく見えたのは⑫グレイルで、だから馬連⑦⑫を追加してしまった。なぜこのとき、サンリヴァルとの馬連を買わなかったのか！）、ふと不吉な予感を覚えたが、なあに、大丈夫だ。しばらくあとでとんでもないダメージを受けることなど知らず、このとき私は、馬券を変更したことを1ミリも疑っていなかった。

返し馬を信じろ！

目の前のレースを見ていても何か考え事をしていて、細部を見ていないことがある。このときもそうだった。はっと気がつくと、先頭の馬たちがゴール200m前の地点にさしかかるところで、そのとき先頭にいたのは内から順に、③イセベル、④ジャンティエス、⑥ヤマニンリュシオル。この3頭だ。後ろはちぎれている。え、6番？　ホントに6番？　これは大変なことになる。あわてて叫んだ。「そのままそのままそのまま！」。朝イチからこんなことになるなんて思ってもいなかったので、しかも、ぼーっとしていたので、やや準備不足である。本来なら、「イトウイトウ！」と、その3頭の中でいちばん人気薄の馬に乗っている騎手の名前を叫ぶべきなのだが（そのほうが見栄えがする！）、そこまで頭がまわらない。2回東京3日目の1R、3歳未勝利の牝馬限定ダート1600m戦である。

このレースで私が買ったのは、1番人気③イセベルと、7番人気④ジャンティエスの2頭を軸にした3連複。本当はワイド③④を買うつもりだったのだが、③イセベルが単勝1・

2回東京3日　1R　3歳未勝利

着順	予想	枠番	馬番	馬名	性齢	斤量	騎手	タイム	着差	通過順	上り	人気	単勝オッズ	体重増減	厩舎
1		❸	⑥	ヤマニンリュシオル	牝3	54	伊藤工	1.40.3		9 5 4	中39.7	⑯	398.3	464+ 6	北蛯名利
2	△	❻	⑫	シネマソングス	牝3	54	ルメール	1.40.4	½	5 7 8	外**39.2**	②	4.6	430 0	北小笠倫
3	○	❷	④	ジャンティエス	牝3	54	江田照	1.40.5	首	1 2 2	中40.3	⑦	23.2	460 0	南田中剛
4	◎	❷	③	イセベル	牝3	54	吉田隼	1.40.5	鼻	1 1 1	内40.3	①	1.8	450+ 2	南大江原哲
5	▲	❸	⑤	カプア	牝3	54	内田博	1.40.8	1¾	4 3 4	中40.2	④	15.9	466+ 2	南萩原清
6		❽	⑮	ゴールデンライラ	牝3	54	石橋脩	1.41.1	2	12 12 12	外39.5	⑧	23.6	456- 8	北高橋文
7		❻	⑪	セレブレイトダンス	牝3	54	古川吉	1.41.1	鼻	⑮ 15 16	中**39.2**	⑪	143.9	432+11	北竹内正
8		❼	⑬	マインクイーン	牝3	54	岩部純	1.41.2	½	11 12 12	中39.6	⑫	166.0	406+ 6	南萱野浩
9		❽	⑯	アルファルミナス	牝3	54	田辺裕	1.41.3	½	16 16 16	外39.4	⑩	63.1	460+ 2	南小西一
10		❹	⑦	イーリス	牝3	54	大野拓	1.41.4	¾	⑫ 10 9	中40.1	⑤	16.0	468-10	南菊沢徳
11		❺	⑨	ペイシャガンセ	牝3	51	木幡育	1.41.7	1¾	12 14 16	内39.9	⑬	212.7	482 0	北本間忍
12		❶	①	ボニータミノル	牝3	54	和田竜	1.42.2	3	5 5 4	内41.6	⑨	60.3	446+10	南中舘英
13	△	❹	⑧	フジノシャイン	牝3	52	武藤雅	1.42.4	1¼	10 7 7	外41.6	⑥	17.2	464+ 4	北和田雄
14	▲	❼	⑭	メジャードリーム	牝3	54	三浦皇	1.43.5	7	1 3 3	中43.1	③	5.8	486- 4	北高柳瑞
15		❺	⑩	ピーチファービー	牝3	54	武士沢友	1.43.7	1	7 10 9	外42.3	⑭	233.7	450- 2	北上原博
16	△	❶	②	スーパーヴュー	牝3	54	田中勝	1.46.7	大	7 9 9	内45.4	⑮	300.5	414+ 6	南伊藤伸

単⑥39830円　複⑥10030円　⑫250円　④770円
馬連⑥―⑫144630円⑭　　枠連❸―❻3950円⑭
馬単⑥―⑫435550円164　３連複④⑥⑫556820円292
３連単⑥⑫④10028900円2331
ワイド⑥―⑫21250円㊳　④―⑥40400円㊈　④―⑫1190円⑩

8倍のダントツ人気だったので、7番人気馬が相手でもワイドは5倍ちょっと。そこでワイドはやめて2頭軸の3連複流しにしたわけである。最近は時々こういう買い方をする。3連複のいちばん低配当が2番人気の⑫シネマソングスで、これが17倍。あとは24倍、26倍、46倍、52倍。この5点を買ったあとに、こっそりと⑥を追加。こいつがくると3連複は11万馬券。どうして途端に配当が跳ね上がるのかというと、この⑥ヤマニンリュシオルは16頭立て16番人気の馬だったからだ。その3連複を最後にこっそりと200円追加。こんなのくるわけないよなあと思っていたのだが、それがなんと目の前できているのである。あわてるのも当然だ。ゴールまでまだ200mあるとはいえ、後ろがちぎれているから、もう取ったも同然。突然、どうして200円しか買わなかったんだ？　と猛烈に後悔の念がこみあげてきた。せめて500円買っていれば

55万。１０００円買っていれば、１００万超えだ。ああ、おれはなんとバカなんだ！　頭の中がぐるんぐるんしながら、「そのままそのままそのまま！」。本来はこういう掛け声だと、③④の馬連かワイドを買ってやがるなと思われてしまうので、おれは16頭立て16番人気の⑥ヤマニンリュシオルを買っているのだぞ、と宣言するためにも、その鞍上の名前を叫ぶべきなのである。

そこに差してきたのが、⑫シネマソングス。鞍上はルメールで2番人気の馬だ。あんなに後ろはちぎれていたはずなのに、あっという間にこの馬が3頭に襲いかかる。ばかばか、やめなさい。ルメールのばかばか。ああ、やっぱりそんなにうまい話はないのか。でもこの馬が絡んでも3連複の配当は17倍で、１０００円持っているから1万７０００円。22万が突然安くなってしまうが、朝イチからこのくらいの配当を取るのだから、まだいいだろう。ばかばかルメール、と言いながら、まあそれでもいいか、と心の余裕があったのはそのためである。ところが現実はもっと意外で、もっと厳しく、ダントツ人気の③イセベルがタレてしまうのである。⑫シネマソングスが3頭に襲いかかってきたとき、まあ仕方ないか、と心の余裕があったのは、前を行く3頭のうち、タレるなら16番人気の⑥ヤマニンリュシオルだろうと思ったからだ。この馬がタレても、③④の2頭が残るだろうから、そこに⑫が絡んで配当は安くても馬券はゲット——と思っていた。まさかまさか、③イセベルがタレるとは想定外。私が買ったのは③と④の2頭を軸にした3連複であるから、そのうちの1頭がいなくなれば馬券は当たらない。だから呆然と見ていた。⑥ヤマニンリュシオルはなんと1着でゴール。差してきた⑫シネマソングスが2着。④ジャンティエスが3着。⑥ヤマニンリュシオルの単勝は、3万9830円。馬連⑥⑫は14万、3連複は55万、3連単はどかんと1000万馬券である。

しばらく新聞に目を落としていたが、あっと気がついた。その日一緒に東京競馬場に行っていたアキラが「どうしたんですか」と言うので、手元の新聞を見せる。返し馬の気配が素軽かった馬に私がつける「返し馬印」のついた馬は、このレースで4頭。それが内から、④ジャンティエス、⑥ヤマニンリュシオル、⑫シネマソングス、⑬マインクイーン（12番人気）だ。なんとその4頭のうちの3頭が1～3着したのである！　ダントツ人気③イセベルの相手に④ジャンティエスを選んで2頭軸の3連複を買ったのも、最後にこっそりと⑥をヒモの1頭に付け加えたのも、その「返し馬印」があったからである。しかし④の鞍上江田も、⑥の鞍上伊藤工も、⑫の鞍上岩部も、どちらかといえば強い返し馬をする騎手であり、しかも返し馬が素軽くても複数の馬が同時にくることは滅多にないので、信用しきれなかった。丸ごと信用していれば1000万！　なんだかくらくらしてきた。

途方に暮れる春だった

今週は、たそがれのトシキ、彼の教え子カド君らと東京競馬場に出撃したのだが、わいわいがやがや、馬券を買うのはホント、楽しい。「どうだ、尻尾作戦はまだやってるのか」と尋ねたら、「なかなか該当馬がいないんですよ」とカド君。以前も書いたが、この青年は、返し馬の際に尻尾が上下に揺れない馬を見つけて買うという独自の作戦を編み出したのである。ところが問題は、そういう馬が極端に少ないこと。1日に1頭いるかどうか、なのである。これでは馬券作戦として成立しない。しかしまあ、コーヒーを飲みながら、そういう話をあれこれしているのは、楽しい。これで馬券が少しでも当たれば言うことはないのだが、そこまで現実は甘くない。週末前にトシキが持っているデータを見せてもらったので、今週はそのデータに基づいて馬券を買ってみたのだが（あまりに不調なので、もう藁にもすがりたい心境なのである）、土曜はボウズで、日曜もいいところがない。不思議なのは同じデータでやっているはずなのに、トシキはいつものように当てること。これまでボウズを経験したことのないトシキは、ホントによく当てる。「これではトリガミだなあ」「これは安い！」と何度も言うのもいつもの通り。驚いたのは「間違って買っちゃったよ」と馬券を見せるので、どうしたんだろうと馬券を見ると、新潟5Rの馬連6頭ボックス。「いや、6Rで買う目を、5Rで買っちゃったんだ」。驚くのはそれが当たったこと。新潟5Rの馬連⑤⑨570円が当たっているのだ。馬連6頭ボックスは15点買いであるから、570円が当たってもトリガミなのだが、いかにもトシキらしい。

私が惜しかったのは日曜東京10RのブリリアントSだ。4歳以上オープンのダート2100m戦だが、迷って迷って最後に④フェニックスマークを本命。東京のダート2100mは内の先行馬だというのが持論で、このレースで④フェニックスマークがあてはまるのである。向こう正面では5番手、4コーナーでは3番手。直線を向いて2番手に上がってきた。あとは追い比べだ。手元の新聞では印が少ないのでまさか3番人気とは知らなかった。そんなに人気していると知っていたら、あそこまで叫ばなかったかも。ちょっと恥ずかしい。「北村北村北村！」。この日は関西の北村友が東京にきていたので、「北村北村北村！」と叫んだだけではまぎらわしいのだが（しかもこの10Rで、両北村は隣同士）、これは癖だから仕方がない。先頭に立ってからがしぶとかった。後続の馬がどっと襲いかかってきたが、抜かせないのだ。そのまま先頭でゴールしたので、「よし！」と思わず言ってしまったが、よく見ると2着が8番人気の①ザイディックメア。3着が12番人気の⑥クラシックメタル。私、単複を買っていたわけではなく、この馬からの3連複なのに、2着以下を全然見ていなかった。

2着馬も3着馬も買っていないので馬券は紙屑。それでは全然おしくないのではないか、と言われるかもしれないが、本命馬が1着、というのは私の場合、きわめて珍しい。もう半分は当たったような気分である。しかも、2着の①ザイディックメアは迷ったのである。鞍上はルメール。買いたい馬が多かったので迷った末に3連複のヒモから外したのだが、買う手はあった。ルメールが乗って8番人気というのは大変珍しいが、ただでさえ、ルメールがきまくっているのに、こんなのまで持ってきたら大変だ。というわけで最後に切ってしまった。この①を買ったとしても、3着の⑥を買わないのでは、5万4550円の3連複も、26万の3連単も逆立ちしても取れそうにないが、しかし馬連にしておけばどうだったか。馬連ならば、本命馬が1着なのだから、相手に①を拾うだけで9760円（！）がヒットしていた。さらにこの日は、新潟大賞典の例もある。こちらは、9番人気の⑭ステイインシアトルを軸に、7頭に流す3連複を購入。で、その軸馬がきちんと2着したのである。しかも1着の①スズカデヴィアス（5番人気）がその相手7頭に入っていたのに、3着の②ナスノセイカン（11番人気）を買っていないので、10万の3連複（58万の3連単は買う気がそもそもなかったが）が抜けてしまった。ここも3連複でなく、馬連流しにしておけば馬連①⑭1万890円がヒットしていた。東京10Rブリリアントsと新潟大賞典で、各1000円の馬連流しを選択していると、それだけで20万。いいじゃないか十分じゃないか。しかし馬連を選んだ途端に、軸馬が3着して3連複ならば当たっていた、というふうになるんだよな。絶対にそうだ、という確信がある。いちばんいいのは両方買うことだが、そうするとダブルで金が出ていくので当たればいいが、外れが重なると資金の枯渇が早まってしまう。祭りのあとの大國魂神社を抜けて飲み屋に向かいながら、どうしたらいいんだろうと途方に暮れるのである。

見ないレースは当たる？

　フェブラリーSの週からずっと負け続けている。この3ヵ月でなんと全治9ヵ月だ。もうふらふらだ。ところがとても不思議なのはそれだけ負けているのに、週末がくるのが楽しみなのだ。火曜、水曜あたりになると、早く週末がこないかなあと考えていたりする。私、どこかが壊れている？　しかしいくらなんでもこのままではまずいだろうから、今週から極端にレースを絞り、レートも下げることにした。私もバカではないのだ。土曜に購入したのは、東京メインの京王杯スプリングCだけ。この日は仕事で東京競馬場に行けなかったということもあるのだが、そこまで消極的になっているのは、やはり負けがこたえているのか。しかも軸馬から相手6頭の3連複のみである。馬連もワイドもなにもなし。単位は100円にしたので、なんと支出は1500円ぽっきり。1日の総支出がたったの1500円とは、競馬を始めてから初の快挙である。ところが皮肉なことに、そういうときに限って当たっちゃうのである。私の軸馬①サトノアレス（2番人気）が3着、⑤ムーンクエイク（4番人気）が1着、⑰キャンベルジュニア（7番人気）が2着。それで3連複の配当が1万1860円。おかげで土曜は1万のプラスになったわけで、嬉しいことは嬉しいのだが、なんだか釈然としない。3連単マルチにしておけば（相手6頭の3連単マルチは9000円だけど）、7万6780円が当たっていたことになるのだ。土曜はこのレースしか買わないのなら、9000円は出せたのではないか。なんだかなあ。

翌日の1R、正確に言うと、2回東京8日目の1R（牝馬限定の3歳未勝利ダート1400m戦）だが、その返し馬を見ていたときに、よおし全部買ってやれ、と思ってしまったのは、おそらく土曜がつまらなかったからだと思う。競馬はやはり夢を見たい。あの1000万馬券がまだ私の体の奥深くに眠っていて、それを時折思い出すのである。あのときも東京1Rだった。返し馬で動きが目立った馬4頭の3連単ボックスを買っていれば、1000万になっていたのだ。たった2400円を捨てていれば、驚くような金額を手にすることができたのである。で、この日の1Rの返し馬で私の目に飛び込んできたのも4頭であった。内から順に、②プリメラプリンセサ、④カグヤヒメ、⑤チョコレートパフェ、⑭ストロベリーピンクの4頭だ。人気は、9番人気、4番人気、15番人気、8番人気である。あの1000万馬券のときの4頭は、2番人気、7番人気、12番人気、16番人気だった。今回とそれほどの差はない。そこで、こっそりとその4頭の3連複ボックスを購入。単位は100円なので、たったの400円である。いちばん高配当は②⑤⑭で、68万。1000万円のときの3連複は50万であったから、まあこれくらいはあり得るだろう。しかし4頭のうちの3頭がくるとは図々しすぎるので、馬連とワイドのボックスを追加。これなら2頭が3着以内に入ればいい。ここまで買っても総額は1600円。待てよ1頭だけということもあるなと、⑭ストロベリーピンクの単複を各1000円。この馬だけが初出走なのである。最近はよく初出走の馬がくるので、それで返し馬の動きが素軽いなら狙うだけの価値はある。ちなみにこの馬の単勝は18倍弱、複勝は4倍弱。ここまでで3600円だったので、最後にワイド④⑭(オッズは40倍強)を400円。これで合計4000円である。これだけ出すつもりがあるのなら3連単ボックスが買えたよなという気もしたが、まあよろしい。その4頭がそれぞれ何着だったのか、細かな結果は書かない。このレースが1~3番人気の馬3頭で順当に決まったことを書くにとどめておく。競馬はそんなに甘くないということだ。

この日はもともとヴィクトリアマイルだけを買うつもりで東京競馬場に一人で出撃したので、東京1Rだけを例外にあとはあまり買わなかった。全部で10レースはエライ。もっともことごとく外れたから、全然エラクない。ヴィクトリアマイルも、私の本命である⑥レッドアヴァンセ(7番人気)がきてくれたのに、当たったのは8850円の3連複のみ。もしも⑥レッドアヴァンセが1着なら3連単がヒット。2着なら馬連がヒットしていたのに、3着ではだめだ。これではプラスにならない。予想はいいのに馬券の買い方が相変わらず下手だ。この日は雨だったので最終までやっていれば帰りが混雑するだろうとメインが終わったところで競馬場をあとにした。で、自宅の近くの駅まできたところで最終レースの結果を調べてみると、おお、なんとなんと東京最終が当たっている！　ほとんどやる気がなくて買った馬券が当たるとは、まったく皮肉なものである。しかしそのおかげで実に久々のプラス。たいした額ではないが、今週は負けなかったというだけで嬉しい。早く週末よこい！

戸崎戸崎戸崎!!

「戸崎の馬、面白くないですか」とシゲ坊が言った。えっ、何? 顔を上げるとシゲ坊が東京10Rフリーウェイ S（4歳以上1600万下の芝1400m）のところを指さしていた。オークスの馬券が決まらず、ああでもないこうでもないと悩んでいたときなので、その10Rはケンするつもりだった。このレースで戸崎が乗る馬って、ええと、どこにいるんだ? これか、⑮ラヴィングアンサーか。手元の新聞には、△が3つ付いているだけで、ほとんど無印と言っていい。「速い上がりタイムを連発しているんですよ。いまの馬場なら面白いと思うなあ。その割に人気がない」「何番人気?」「9番人気くらいかなあ」。「じゃあ、買い目を決めてくれよ。そっくりノルから」「わかりました」。シゲ坊とは年に数回、一緒に競馬場に出撃するが、買い目に丸乗りしたことはこれまでに一度もない。勝負レースの本命に乗ったことはあるが、それは彼の本命を自分も軸にしただけで、相手やヒモなどの買い目、馬券の種類はもちろん自分で決めている。ただ、いまは忙しいのでその時間がな

2回東京10日　10R　フリーウェイS

着順	予想	枠番	馬番	馬名	性齢	斤量	騎手	タイム	着差	通過順	上り	人気	単勝オッズ	体重増減	厩舎
1	△	❸	⑤	ロワアブソリュー	牡5	57	三浦皇	1.20.6		9 11	内33.4	⑤	9.3	514+8	栗須貝尚
2		❼	⑬	ショウナンアンセム	牡5	57	和田竜	1.20.7	¾	4 4	中33.9	⑦	19.1	484−2	南田中剛
3	△	❼	⑮	ラヴィングアンサー	牡4	57	戸崎圭	1.20.8	首	14 14	外**33.3**	⑨	19.8	486 0	栗石坂正
4	▲	❽	⑱	フローレスマジック	牝4	55	ルメール	1.20.8	首	9 7	外33.8	①	4.5	472 0	北木村哲
5		❷	③	ドーヴァー	牡5	57	田辺裕	1.20.8	鼻	6 7	中33.8	⑩	23.2	506+2	北伊藤圭
6	△	❼	⑭	ダイトウキョウ	牡6	57	武　豊	1.21.0	1	15 14	外33.5	⑧	19.5	460−2	南戸田博
7	◬	❺	⑨	レインボーフラッグ	牡5	57	内田博	1.21.0	首	9 9	外33.9	④	6.9	462−2	栗小崎憲
8	○	❹	⑦	クライムメジャー	牡4	57	川田将	1.21.0	鼻	3 3	中34.4	②	4.8	508−4	栗池江寿
9		❸	⑥	ボーダーオブライフ	牡4	57	横山典	1.21.1	½	9 11	中33.9	⑫	40.0	484−10	北金成貴
10		❺	⑩	キャプテンペリー	騸5	57	岩田康	1.21.1	首	17 16	中33.4	⑪	30.6	488 0	北岩戸孝
11		❶	①	クラウンアイリス	牝7	55	武藤雅	1.21.3	1	18 18	外33.4	⑰	370.7	408−2	北天間昭
12	◎	❷	④	ヴェネト	牡6	57	Mデムー	1.21.4	½	4 4	中34.6	③	5.0	460+4	栗藤原英
13		❽	⑯	グランドボヌール	牡4	57	福永祐	1.21.4	鼻	1 1	内36.0	⑥	11.1	474+6	栗鈴木孝
14		❻	⑫	オデュッセウス	騸5	57	大野拓	1.21.6	1½	13 13	中34.2	⑬	84.8	484−10	北手塚貴
15		❹	⑧	カシノピカチュウ	牡8	57	江田照	1.21.7	¾	15 16	内34.0	⑭	206.1	494−12	栗牧田和
16		❽	⑰	クリノコマチ	牝7	55	田中勝	1.22.1	2½	6 6	中35.2	⑱	390.0	464 0	南伊藤伸
17		❻	⑪	ウエスタンメルシー	牝7	55	松岡正	1.22.4	1¾	6 9	中35.3	⑯	361.7	458+2	南奥村武
18		❶	②	コパノチャンス	牡5	57	柴田大	1.22.7	2	2 2	内36.2	⑮	217.2	496+12	北上原博

単⑤930円　複⑤340円　⑬490円　⑮510円　　ブリンカー＝⑤②
馬連⑤―⑬7830円㉛　　枠連❸―❼2150円⑬
馬単⑤―⑬13210円㊹　３連複⑤⑬⑮40580円128
３連単⑤⑬⑮210820円703
ワイド⑤―⑬2500円㉛　⑤―⑮2650円㉞　⑬―⑮3230円㊹

いのだ。

で、オークスの検討を再開したが、しばらくして「決まりました」とシゲ坊。彼の結論は、⑮ラヴィングアンサーの単勝2000円、複勝5000円。⑤ロワアブソリュー（5番人気）との2頭軸の3連複流し。相手は6頭。内から順に、③ドーヴァー、④ヴェネト、⑥ボーダーオブライフ、⑦クライムメジャー、⑨レインボーフラッグ、⑩キャプテンペリーの6頭だ。人気は順に、10番人気、3番人気、12番人気、2番人気、4番人気、11番人気だから配当がすごい。100倍台が2本、200倍、400倍、700倍、1200倍の6本だ。⑤ロワアブソリューと⑮ラヴィングアンサーが一緒にきて、さらに12番人気の⑥ボーダーオブライフを連れてくると、3連複の配当は1193倍。それを500円持っているということは、60万円！

夢いっぱいの馬券である。⑤⑮のワイドにしないのね、３連複でいいのね。「この2頭のワイドは30倍なんですよ。それに３０００円でもいいんですけど、３連複にします！」ときっぱり宣言。シゲ坊の予想が鋭いのは、１番人気の⑱フローレスマジックを切っていることだ。時間がないのでそのまま買って、オークス検討を続けていると、「走ります」とシゲ坊。そうか、レースくらいは見よう。60万奪取とは言いません、せめて複勝だけでも当たりますように、とこっそり神様にお願いした。

実に面白いレースだった。２頭軸の１頭、⑤ロワアブソリューは中団のインにつけたものの、軸馬のもう１頭、単勝２０００円複勝５０００円を買っている肝心の⑮ラヴィングアンサーは後方のスタートなのである。いつもの定位置とはいえ、ホントにあんなところから届くんだろうか。４コーナーを回るまでずっと後ろなんである。あとでレースリプレイを見ると、⑤ロワアブソリューは直線でばらけたところをぐんぐん伸びて馬群を割ってきたが、レースのときは私、⑮ラヴィングアンサーだけを見ていた。この馬がこなければ１円にもならないのだ。逆に言えば、この馬さえくれば、なにがしかの金が返ってくる。ところがその⑮ラヴィングアンサー、４コーナーを後方４～５番手で回って外に出してきたが、前の馬も止まらない。残り４００ｍを切っても順位は変わらないから叫びようがない。あれではダメだな、と諦めたとき、「こうせいこうせい！」とシゲ坊が横で叫んだ。そのとき、三浦が乗る⑤ロワアブソリューが馬群を割って伸びてきたとあとでわかったが、ダメなんだよシゲ坊、肝心要の⑮ラヴィングアンサーが伸びてこないから、たとえ⑤ロワアブソリューが３着以内に入っても、ぼくたちは１円にもならないの。

しかししかし、ここからが面白かった。残り２００mを切ったところで⑮ラヴィングアンサーが突然ギュイーンと伸びたのである。えっ、嘘だろ。ゴールまでの距離を考えると、かなりぎりぎりだと思うのだが、「戸崎戸崎戸崎！」。シゲ坊が立ち上がったので、私も立ち上がった。大外から一気の脚で⑮ラヴィングアンサーが３着に上がったところがゴール。その瞬間、「2着の和田を持ってない！」とシゲ坊が言った。私は⑮ラヴィングアンサーしか見ていなかったので、１着馬も2着馬も見ていなかった。結局、⑤ロワアブソリューが1着、和田の乗る⑬ショウナンアンセムが2着。その⑬は7番人気の馬で、３連複⑤⑬⑮は４００倍。これを５００円買っていれば20万。いいじゃんそれで。ワイド⑤⑮（最終的には２６５０円）にしておけば当たりだったが、結局、私たちが手にしたのは⑮ラヴィングアンサーの５１０円の複勝のみ。５００円の6点ではなく、３００円の10点にするべきだったかなあ、というのがシゲ坊反省の弁。二人ともにオークスに惨敗したので、大負けの日だったが、フリーウェイSが面白かったので、なんだか楽しい1日であった。

最初に切った馬がくる？

ダービー前日の土曜日、京都10R朱雀S（4歳上1600万下の芝1400m）の検討をしていたら、「そのスカイパッションという馬、覚えていますか？」とオサムが声をかけてきた。スカイパッションは10番人気の馬だが、シゲ坊が本命にしていたので、どうしようかなあと考えていたのである。「ほら、この馬さえこなければWIN5が当たっていたことがあったじゃないですか。小倉記念のあった日ですよ」。そう言って、携帯で過去のレースを検索し、その画面を私の目の前に差し出してきた。それによると、2016年8月7日、小倉12Rの筑紫特別で10番人気のこの馬が勝っている。「でもこれ、12Rだよ。それでWIN5なの？」「夏の間は、最終レースまでが対象になっていたでしょ」。そうなんですか？

オサムは2016年8月7日のWIN5の結果画面も差し出してきた。

それによると、札幌UHB杯クリスマス（1番人気）→小倉記念クランモンタナ（11番人気）→新潟レパードSグレンツェント（2番人気）→小倉筑紫特別スカイパッション

（10番人気）↓新潟12Rクリムゾンバローズ（1番人気）というのがその日のWIN5の結果で、配当は3810万円。「小倉記念のクランモンタナをおれは当てたの？　11番人気の馬だよ」「そうですよ。これがこの日の荒れるレースだっていう狙いが当たったんですよ。そして筑紫特別も2番人気の、ええと、なんという馬だったかなあ、そうだ、川田が乗っていたフェザリータッチだ。その馬が勝ちそうだった。最後の新潟12Rは1番人気が危なげなく勝ちましたから、筑紫特別をフェザリータッチがあのまま勝っていれば、WIN5が当たっていたんです。それなのに、このスカイパッションが最後にギューインと伸びてきて」。人のことなのによく覚えているなあ。ようやく私も思い出した。筑紫特別は私の指名馬がもうほとんど勝つ寸前だったのである。何事も起きなければ、1番人気↓11番人気↓2番人気↓2番人気↓1番人気で、その日のWIN5が当たっていたことになる。上位人気が4勝して、ひとつだけは人気薄が勝つ、という私のストライク・ゾーンである。100万円に届いていたかどうかはわからないが、まあ、そのあたりの金額だったろう。それなのに、このスカイパッションがゴール前で差してきたのですべてがご破算。よおし、筑紫特別の仇を撃ちたいと、この馬からばしばし買ってしまった。ええと、何着だったんでしょうか。ま、いいや。

今週はオサムが上京してきたので、土曜はたそがれのトシキにアキラを誘って4人で東京競馬場に出撃。日曜はハガキ当選したので、オサムと二人で出撃。ダービー・ウイークをたっぷりと満喫したわけだが、痛恨は土曜東京の7R。4歳以上500万のダート1600m戦だが、私の本命は⑯サイドチェンジ。7番人気の馬である。問題は相手が全然わからないことだ。最初は単複だけにしようかと思った。単勝17倍、複勝は3～5倍。それでもいいのだが、せっかく7番人気の穴馬を見つけたのだから、もっと儲かる買い方をしたい。そこで馬連の総流しを考えた。1番人気の③スターライトブルーと組んでも馬連は30倍あるからトリガミはなし。ちなみにこのレースは16頭立てであるから、馬連を総流しすれば15点である。最終的には6頭切って、9点流しを選択。次に3連複も買いたいと思ったが、9頭流しは36点。それは多すぎると、こちらは2頭削って7頭にしたのが痛恨。3連複の7頭流しは21点である。馬連9点、3連複21点で、合計が30点。このくらいが妥当なところではないかと考えたわけだ。

⑯サイドチェンジは6～7番手の外を追走し、持ったままで4コーナーを回っていく。ゴールまであと400mという地点でエンジンがかかり、外から先行馬群に襲いかかる。息をのむ瞬間だ。ここからギュイーンと伸びて先頭に躍り出るか、馬群を抜け出せずにどんどん抜かれていくかの別れ道。⑯サイドチェンジはギュイーンと伸びたのである。先頭に躍り出たのだ。ゴール200m前まで待って叫んだ。「カツウラカツウラ！」「勝浦勝浦

勝浦！」。この馬が2着以内をキープすれば9点流しているんだし、馬連はだいたい当たる。3着に落ちたら望みは3連複のみ。4着以下に落ちたら馬券は紙屑。いまは先頭だが、まだわからない。府中の直線は長い。内に1番人気の③がいるのが見えた。外から差してきたのは⑨フィスキオだ。あとはよくわからない。「そのままそのまま！」。⑨フィスキオに差されたところがゴールで⑯は2着を確保したように見えたが、えっ、⑨フィスキオ？　ちょっと待ってくれ。3連複を購入するときに、最後に切ったのが⑨フィスキオではなかったか。調べてみたら8番人気の⑨と、10番人気の⑭ヨクエロマンボを切っていた。1万1210円の馬連は辛うじて押さえていたが、500倍の3連複は痛恨の抜け。36点でも買え！

第二章　新しい馬券作戦を探して

柴田セーネンとの再会

「競馬をやってみたいという若い連中がいるんですけど、今度ツアーをやりませんか」とアキラ君が言った。今年の初めごろの話である。昔はよく初心者を連れて競馬場ツアーをやっていたが、この15年はほとんどやっていない。ま、たまにはいいか。しかし、「安田記念の前日にやりますよ」とアキラ君から言われるまで忘れていたのは、GIシーズンが始まったらそれはもう忙しかったからである。そのGIシーズンもボロ負けして、このあたりで一息つくのもいいかも。「何人くらいで行きますか」「4~5人くらいがいいんじゃないかなあ」と言っていたのに、いざツアー募集したらなんと16人。その半分はアキラ君の会社の若い衆で、残りの半分は20年前まで私が代表を務めていた会社のOBと現役社員。だから半分はよく知っている連中だ。なんだよ君たちか。初心者ツアーで重要なことは、競馬新聞の馬柱の読み方を講義することである。馬柱の読み方がわかると競馬は面白い。当日、開門と同時に行くと、アキラ君の会社の若い衆が3人待っていたので、まず彼らに馬柱の読み方を懇切指導。この3人がよく当てたのは（みんな、5～6本ずつ当てたのではないか）、私の講義が丁寧だったからではなく、この日は堅い決着が多かったからだ。堅い決着が多いと初心者の馬券はよく当たるのである。これで彼らが競馬を楽しいと思い今後も親しむようになってくれれば嬉しい。午後になると私のよく知っている身内社員が次々に現れて、とても楽しい1日であった。

いちばん嬉しかったのは、その日の飲み会に柴田セーネンがきたことだ。当欄の古い読者ならご存じだろうが、20年ほど前、ほぼ毎週のように一緒に競馬場に通っていたセーネンである。だから毎週のようにこのエッセイに登場していた。当時は私の会社のアルバイトだった。いまでも覚えているのは、秋の天皇賞の前日、朝早くから翌日の指定券を取るために東京競馬場の外の列に並んだときの光景である。そのころは、ネット予約がない時代なので、GⅠもすべて当日指定。前日の朝7～8時には満席になり、日曜の指定席の整理券が配付された。で、その年も、私と柴田セーネンともう一人、私が退いてから会社代表を務めることになるH君と3人で、朝7時に出撃した。ところが競馬ブームが下火になる、ちょうど過渡期だったようで、その年はなかなか満席にならなかった。昼前になると「ぼく、会社に行きます」と柴田セーネンが言った。当時は土曜も昼から会社をあけていたのである。私とH君は秋天の前日という大切な土曜日に会社に行く気など最初からなかったが、柴田セーネンは真面目なアルバイトなので、さぼるわけにはいかなかったのだろう。その会社の代表ふたりが一緒にいるのだから「今日はいいよ。さぼっちゃえ」と言えばいいのに、「そうかあ」と言うだけで柴田セーネンを私たちは止めなかった。

結局翌日分が満席になったのは土曜の午後2時で（その年を境に満席時間がどんどん遅くなり、電話予約が始まる最後の年には、深夜1時になった）、それから急いで場内に走って入り、メインのアイルランドTの馬券を買った。その馬券をH君と二人で当てたこと、土曜の早朝からずっと外で待っていたこと――記憶に残っているのはその二つだけだ。翌日の天皇賞を何が勝ったのかはまったく覚えていない。あのときは悪いことしたなあと20年ぶりに謝罪したが、そんなことありましたっけ、と柴田セーネンは忘れていたようだ。もっとも、あの年、秋天を勝った馬は？　という私の質問には「あれは1997年ですから、エアグルーヴが勝った年ですね。2着がバブルガムフェローです」とすぐに答えが返ってきた。よく覚えているなあ。柴田セーネンはもう46歳になったという。そうか、もうセーネンと呼んではおかしいか。とてもめでたいのは今年の春に結婚したことだ。おお、おめでとう、とこの日は何回も乾杯した。16人の飲み会のあとも、その半分で2次会に繰り出し、楽しい酒を遅くまで飲んだ。

馬券のほうは土曜阪神1Rを当てただけ。8番人気の⑮バトードラムールを軸に、複勝

680円と、3連複8510円と、ワイド⑩⑮1840円を仕留めたのだが、1番人気で2着した⑦メイショウウルチルとのワイド2100円をなぜ買わなかったのか。330倍の3連単だって簡単に取れたのになぜ買わないんだとあとで反省したが、しかしこの阪神1Rのおかげで今週は全治1ヵ月で済んだのである。日曜は一人で出撃してボウズだったから、土曜阪神1Rがなかったら、今週は全治2ヵ月だったろう。大変な事態になるところであった。しかし最悪の事態は免れたけれど、それでも全治1ヵ月の傷を負ったのは事実であり、とてもつらい。なんとか打開策を見つけなくてはと思うのだが、その具体策がなかなか見つからない。日曜東京最終のワイドを取りました、というアキラ君のメールをじっと見るのである。

「府中流鏑馬」の朝

日曜の朝、大國魂神社の前を通りかかると、えっ、馬がいる！　なんなのこれ？　まわりを見渡すと、「流鏑馬《やぶさめ》」という幟《のぼり》があちこちに立っていて、「府中流鏑馬」とプリントされたTシャツを着た大勢の人がいた。旧甲州街道に面したところにある大きな欅《けやき》の木から大國魂神社まで続く参道の横が整地されていて、そこを馬が疾駆してくるのだ。中には女性騎手もいて、大変に凛々《りり》しい。看板を見るとイベントは10時からで、ただいまは練習中のようだった。流鏑馬だけでなく、居合術やら、流鏑馬体験などもあるようで、第7回とあったので比較的最近始まったものと見える。朝はまだ雨が降っていなかったが、この日は雨予報なので、本格的に降りだしたらちょっとつらい。あいにくの雨だ。

この日は一人なので競馬場に行くかどうか、ちょっと迷った。馬券は自宅でも買えるんだし、わざわざ競馬場に行くのもなんだか面倒だ。それに降級戦が始まってから、競馬がつまらない。毎年こんなにつまらなかったたっけ？　降級馬で1番人気だと、だいたいきちゃうのである。だから馬連で300円とか400円とかの決着が少なくない。この5～6年、人気馬で堅そうなレースは買わないようにしているので、こういうレースが多いと買うレースが少なくなる。レース数を増やしたくないのでその意味では救われているが、本来なら面白いはずの最終レースですらつまらないから、なんだかなあ。面白いのは午前中の未勝利戦だけである。2～3戦すると降級馬も人並みになって他の馬たちに埋没してしまうからあともう少しの辛抱だが、こんなにつまらなかったっけと驚いている。午後に下に降りてみると指定席も満席になっていなかったから、そう思う人が少なくないのか。それとも雨だからガラ空きなのか。この日のメインのエプソムCは面白そうなので、もう少し客が入ってもいいと思うのだが。

面白かったのは、福岡にいるオサムと、新宿の自宅にいるアキラ君、この2人と競馬場にいる私の3人で、レースごとにメールのやりとりをしたことだ。特にこの日の阪神8Rには怪しいオッズがあったので、なんでこんな馬が人気になっているんだよおとメールの往復が激しかった。3歳の⑪トーホウガーベラという馬だ。3走前に小倉で未勝利戦を勝ってから、8着、14着と負けた馬が朝からずっと2番人気なのだ。途中で1番人気にまでなったから（最終的には6番人気だったけど）、怪しい。アキラ君は降級の1番人気⑩トウカイレーヌとのワイドを買い、「これがこなければ今日はこのあと買いません」と宣言。で、その降級1番人気馬も、怪しいオッズの馬も負けて、勝ったのが降級でもなんでもない5歳馬、2着は強い3歳馬だったが、3着は普通の5歳馬。それで3連複が33倍しかつかないから、競馬はホントに難しい。ただ1頭の降級馬、しかも1番人気馬が5着に負けたんですよ。2番人気の3歳馬が2着に入ったとはいえ、1着も3着も、普通の5歳馬なんですよ。それで3連複が33倍しかつかないのだ。「このあとの馬券は買いません」と宣言したアキラからは次の東京9R小金井特別が終わったと同時にメールがきた。「ルメール、戸崎を1〜2着に固定したのに、3着が抜けました」。小金井特別は、1着⑯アンティノウス、2着⑭ビックリシタナモーで、馬連が360円。着順を固定して1〜2着を当てたのなら、馬単を買っても当たっていたということだ。この⑯→⑭の馬単は710円。それを買えばよかったのに、3連単にしたんですね。気持ちはわかるけど。ちなみにこのレースの3着馬は、5番人気の⑫アオイサンシャインで、その3連単の配当は5440円。このあたりのレースは全然買わなかったので、下に降りてぶらぶら。まだ指定席は満席になってないなあと確認したり、ダイワキャグニーを猛烈プッシュしているイベントを覗いたり、ターフィーショップに寄ってみたり、ホント、この日は暇であった。

この日、馬券を当てたのは東京メインのエプソムCだけ。4番人気の⑥ハクサンルドルフから買ったので、この馬だけを見ていた。最後方を追走し、4コーナーで外に出して差してきた。あとは届くかどうかだけ。こういうときは結果を出す前に叫ぶのがよろしい。まだ中団の後ろにいるときに「川田！」と一声。続けて、「差せ差せ差せ川田！」と連呼。3番手に上がったときに、3連複も買っていたので「よし！」と言うつもりだったが、待てよという気がしたので、「川田川田」となおも連呼。2番手に上がったときに初めて「よし！」。そんなに叫ぶほどの馬券でもなかった。100倍以下の3連複はカットしたので、6380円の3連複は買わず、ゲットしたのは2240円の馬連のみ。これでは1日の収支がプラスにならない。それでもメインを取ったので気持ちよく帰途についたとき、この雨の中を、あの流鏑馬イベントは無事に行われただろうか。ふと思った。

全部複勝にしておけば

土曜にボロ負けしたので日曜は馬券を買う気力がなかった。メインと最終の馬券を朝買って、あとは外出するつもりでいた。特に用事があったわけではないのだが、家にいるとだらだらと馬券を買ってしまいそうな気がしたからだ。もう超弱気なのである。念のために午前中のレースを、ざっと検討していたら、阪神3R（3歳未勝利の芝1400m戦）に面白そうな穴馬がいる。③スリーケープマンボだ。手元の新聞には印がほとんどないのに朝の段階で8・4倍の3番人気（最終的には5番人気で1100円）。じゃあワイドはつかないかなと思ってオッズを調べると意外につく。相手候補は内から順に、⑧タイセイグランツ、⑫ウインサクヤヒメ、⑭リュニヴェールの3頭だ。3番人気、1番人気、4番人気である。ワイドのオッズは、11倍、8倍、13倍。それくらいの配当がつくのなら、どれでもいいのだが、どれにしたらいいのかがわからない。

最後の最後に選んだのが⑧タイセイグランツ。このワイド③⑧を3000円、40倍の馬連に目がくらんでその馬連を1000円。合計4000円なら捨ててもいいだろう。その⑧が7着に負けたことはいいとしよう。軸馬の③が珍しくも勝ったけれど、相手がこないなんてことはよくある。問題は、最初の相手候補の⑫と⑭がともにきたことだ。1着③スリーケープマンボ、2着⑭リュニヴェール、3着⑫ウインサクヤヒメ。いいですか、③のワイド相手は、⑧⑫⑭の3択だったのですよ。⑫でも⑭でもよかったのに、私が選んだのはよりにもよって⑧。その3頭の中から唯一3着を外す馬をワイドの相手に選ぶなんて、馬券外しの天才としか言いようがない。しかもショックだったのは、馬連③⑭が4970円もついたこと。ちょっと待ってくれ。私はワイドの相手に選んだ⑧との馬連も最後に1000円買ったのである。その配当に目がくらんだとはいえ、馬連を買う気はあったのだ。だったらワイドなど買わずに、候補3頭に馬連各1000円買えば、その4970円は楽勝にゲットできていた。実に簡単な馬券と言っていい。しかし、ワイド作戦を選んだのだから、このレースだけ馬連流しはできないよなあ。これは仕方ないよなあ、と自分に言い聞かすのである。

しかも日曜のショックはまだ終わらない。早く外出しようとメインと最終の馬券を買っているとき、東京4Rのパドックの様子がテレビに映り、それを何気なく見ていたら⑬ニシノラプランセスが超ぴかぴか。ワイドを買うなら1番人気の⑤シンボリティアラとのワイドだな、と思った。そういえば、こういうぴかぴか馬がきのうは1頭もいなかった。突然気がついたが、きのうどころか最近はまったくいない。以前は「超ぴかぴか馬」が10頭いれば3頭くらいは複勝圏内にきたものだが（超ぴかぴかだと興奮してがつんと入れて大負け、というケースも少なくないから要注意ではあるのだが）、最近はまったくいないのである。そのことに突然気がついた。6月に入ってから取った馬券は、阪神初日の1R（3連複とワイド）と、エプソムCの馬連、この二つだけである。この間、それはもうたくさんの馬券を買っているのに、全然当たらない。歴史的な大敗が続いているのだが、その遠因の一つはパドックで穴馬を見つけられなくなっている、ということもあるのかもしれない。

前日の土曜日は、アキラやヨシ先輩たちと久々に東京競馬場に出撃したのだが、アキラやヨシ先輩の「当たった」「3連複だけかあ」と楽しそうな声を聞きながら、せっせと金をドブに捨てるのである。土曜東京9R八丈島特別には、ヨシ先輩が一口馬主になっている⑭ドラグーンシチー（9番人気）が出走していて、前日検討でたまたまその馬を本命にしていたので、よおし、それならともに喜ぼうと2番人気の⑨ゴールドギア相手にワイド（17倍）を3000円、馬連（60倍）を1000円、⑭を軸に3連複、さらに最後には単勝（その時点では19倍、最終的には27倍）まで購入。その⑭、結果は3着だったから、十分に激

3回東京5日　9R　八丈島特別

着順	予想	枠番	馬番	馬名	性齢	斤量	騎手	タイム	着差	通過順	上り	人気	単勝オッズ	体重増減	厩舎
1	△	❻	⑪	クインズサン	牡5	57	津村明	1.35.4		4 6 6	中33.5	⑥	18.0	456+2	北 和田郎
2		❹	⑥	シセイヒテン	牡3	54	伊藤工	1.35.4	首	① 1 1	中34.0	⑧	24.3	444-2	北 宗像義
3		❽	⑭	ドラグーンシチー	牡3	54	丸田恭	1.35.5	¾	5 8 8	外33.4	⑨	27.5	476-4	栗 北出成
4	○	❺	⑨	ゴールドギア	牡3	54	戸崎圭	1.35.5	首	⑪ 12 12	外**33.0**	②	3.7	466 0	北 伊藤圭
5		❼	⑫	ショワドゥロワ	牡4	57	田中勝	1.35.5	頭	9 8 8	外33.5	⑪	166.6	502 0	北 鹿戸雄
6		❻	⑩	ワンショットキラー	牡5	57	北村宏	1.35.6	首	7 5 5	中33.8	⑩	60.8	484+2	北 新開幸
7	▲	❽	⑮	バトルマイスター	牡3	54	田辺裕	1.35.7	½	⑫ 10 10	外33.5	①	3.5	484-10	北 手塚貴
8	△	❷	②	スーパーブレイク	牡4	57	武藤雅	1.35.8	½	⑫ 12 15	中33.2	⑦	24.2	464+2	南 戸田博
9	△	❸	④	サトノキングダム	牡5	57	内田博	1.35.9	¾	12 15 15	外33.2	④	6.6	470+2	北 国枝栄
10		❹	⑦	マルターズゲイル	牡5	57	柴田善	1.36.1	1	2 2 2	中34.7	⑮	311.0	482+6	南 伊藤伸
11		❺	⑧	ヴァイスジーニー	牡4	57	武士沢友	1.36.1	鼻	⑩ 10 11	中33.8	⑫	171.9	520+4	北 和田郎
12	◎	❼	⑬	ジュンヴァリアス	牡4	57	大野拓	1.36.3	1½	⑮ 12 12	外33.8	③	4.2	456-2	南 畠山吉
13		❶	①	マイネルベレーロ	牡4	57	三浦皇	1.36.4	½	7 6 6	内34.5	⑬	193.4	494+8	北 中野栄
14	⚠	❸	⑤	フローラデマリポサ	牝4	54	石橋脩	1.36.5	¾	3 3 3	中34.9	⑤	9.6	476 0	北 堀宣
15		❷	③	フィルハーモニー	牝3	52	柴田大	1.37.1	1½	5 3 3	内35.5	⑭	287.3	500 0	南 中舘英

単⑪1800円　複⑪490円　⑥690円　⑭830円　　ブリンカー＝⑮
馬連⑥—⑪16870円㉟　　枠連❹—❻7590円㉒
馬単⑪—⑥35410円㉛　　３連複⑥⑪⑭110080円141
３連単⑪⑥⑭831590円877
ワイド⑥—⑪3550円㉞　⑪—⑭4960円㊲　⑥—⑭6660円㊶

走してくれたのだが、１着⑪クインズサンが６番人気、２着⑥シセイヒテンが８番人気（レースが終わってから新聞を見ると、この馬には返し馬印がついていた！）では、馬券は全然当たらない。いちばんショックだったのは⑭ドラグーンシチーの複勝が８３０円だったこと。私はこのレースに総額１万を投入していたのだ。それを全部複勝にしていたら、８万超えではないか。もうそれで十分である。で、日曜東京４Ｒに話は戻るのだが、もしも阪神３Ｒのワイドをゲットしていたら、この東京４Ｒも買っていたに違いない。そうすると１着⑤シンボリティアラ、３着⑬ニシノラプランセスで、ワイド１２８０円がどすんと当たっていた。阪神３Ｒを取り逃がしたのは仕方がない。しかし東京４Ｒは買えば当たっていたのだ。なぜ買わない？　テレビを消してさっさと外出したことをあとで後悔するのである。

参考レースで叫ぶやつ

「あのさ、あそこでモニターを見上げていたんだよ。で、そのままそのままって言ったら横のおやじが不思議そうな表情でオレを見るんだ」

席に戻ってくるなりトシキが言った。私はスマホを買い換えたので新しい機種の使い方がわからず、カド君（トシキの教え子で、返し馬のとき、尻尾が揺れない馬を買うという画期的な尻尾作戦を考え出した青年）に教えてもらっているところだった。新しいスマホの使い方を早くマスターしないと不便なので、土曜の午前中は馬券を買わず、その習得と練習にあてるつもりでいた。だからいきなりトシキに言われても何のことだか、よくわからない。どうやら穴場の上のモニターでやっていた函館1Rの実況を見て、「そのままそのまま」と叫んだらしい。すると、隣のおやじが不思議なものを見るような目つきでトシキを見たとのこと。それでシチュエーションはわかったが、その意味がまだ理解できない。「いや、その不思議そうな表情の意味がしばらくしてわかったんだ」

「なあに？」

「オレが見ていたのは函館1Rの実況ではなくて、どこかの特別の参考レースだった」

おいおい。参考レースをモニターで流すときは、「○○特別・参考レース」「レース名・日付・場名」が画面の上のほうにあり、下の方には「馬名・着順」が表示されている。普通のレース実況のときにそんな文字は画面に表示されないから、いくらなんでも違いは明確だと思うのだが。ホントにこのおやじは面白い。その日の東京6R（3歳未勝利の芝2400m戦）で、1番人気⑮パルクデラモールと、6番人気⑪ソリフロールのワイド（オッズは9～10倍）を買うと、なんとその2頭が3着同着。これではワイドは当たらない。惜しいような惜しくないような。大型ターフビジョンの横の着順表示盤を指さして、「見て見て。あの同着2頭のワイドを買ったんだよ」。すると、トシキが「じゃあ、当たりなんじゃないの」。えっ、そうなの、当たりなの？　と一瞬思ってしまった自分が情けない。今週は博多からオサムがやってきて、土曜はトシキとカド君と4人競馬。日曜はオサムとの二人競馬を目いっぱい楽しもうという計画。春競馬もとうとうこれで終わりかと思うと一抹の淋しさがある。まあ、すぐにまた秋競馬が始まるんだけど。

それにしてもホントに馬券が当たらない。先週も土日ボウズで、今週も土曜は函館最終までボウズ。いいんだもう、と諦めたその函館最終で7100円の3連複がヒットして、

3回阪神8日　6R　3歳上500万下

着順	予想	枠番	馬番	馬名	性齢	斤量	騎手	タイム	着差	通過順	上り	人気	単勝オッズ	体重	増減	厩舎
1	△	❼	⑬	チュウワウィザード	牡3	54	川田将	1.52.0		⑥-5-7	中37.5	①	4.9	482	+14	栗東大久保龍
2	△	❸	⑤	グアン	牝3	52	武　豊	1.52.6	3½	2-2-2	中38.4	⑦	13.4	454	− 4	栗東武　幸
3		❷	④	クリノフウジン	牡4	57	藤岡康	1.52.8	1	8-6-9	中38.1	⑪	49.8	496	+ 4	栗東高橋忠
4		❽	⑮	アロマティカス	牡4	54	服部寿	1.53.0	1	10-6-4	中38.5	⑯	258.3	458	− 2	栗東湯窪幸
5	△	❺	⑩	ニホンピロタイド	牡3	54	酒井学	1.53.0	鼻	6-9-9	中38.0	④	6.0	492	0	栗東大橋勇
6		❻	⑪	スズカフューラー	牡4	57	和田竜	1.53.0	首	10-9-4	外38.3	⑥	10.8	430	− 2	栗東西橋豊
7		❹	⑦	ジェミニズ	牡4	55	川又賢	1.53.2	1	12-9-7	外38.5	⑬	179.4	498	−10	栗東石橋守
8	▲	❶	①	タイセイブルグ	牡5	57	ルメール	1.53.4	1½	1-4-4	内39.0	⑤	8.0	476	− 6	栗東高野友
9		❶	②	グランセノーテ	牡5	57	石橋脩	1.53.4	首	⑯-16-12	外38.2	⑨	21.5	536	+ 2	栗東鮫島一
10	△	❸	⑥	メイショウマトイ	牡4	57	幸　英	1.53.5	½	14-9-⑫	内38.7	⑩	22.4	476	− 2	栗東本田優
11		❼	⑭	イイコトバカリ	牝4	55	松若風	1.53.7	1	2-2-2	中39.4	⑫	59.5	470	− 6	栗東音無秀
12		❽	⑯	メイショウタカトラ	牡4	57	松山弘	1.53.9	1½	8-6-9	中39.2	⑧	14.2	486	+ 2	栗東荒川義
13	○	❺	⑨	ウェルカムゴールド	牡3	54	岩田康	1.54.6	4	⑮-16-14	外39.3	③	5.4	512	− 6	栗東西村真
14		❻	⑫	モンドバーグ	牡4	55	富田暁	1.54.9	1¾	⑫-16-15	中39.3	⑭	204.9	470	−14	栗東吉村圭
15	◎	❷	③	ロイヤルバローズ	牡3	54	Mデムー	1.55.1	¾	4-1-1	内41.0	②	5.1	446	−12	栗東角居勝
16		❹	⑧	クーファエラン	牝3	52	田中健	1.59.1	大	4-9-16	内43.7	⑮	251.0	446	− 2	栗東浅見秀

単⑬490円　複⑬200円　⑤420円　④1080円　　ブリンカー＝⑮①
馬連⑤—⑬4970円㉑　　枠連❸—❼2410円⑬
馬単⑬—⑤8940円㊳　３連複④⑤⑬75360円168
３連単⑬⑤④266400円786
ワイド⑤—⑬2110円㉙　④—⑬3060円㊶　④—⑤9520円㊸

ようやくチャラ。馬券が当たるのなんて何年ぶりだろう。しかししかし、今週のヒットは翌日の阪神6R（3歳以上500万下のダート1800m戦）。その日は宝塚記念だけを買うつもりで、それまでは資金を減らさないようにおとなしくしているつもりだったのだが、パドックをぼんやりと見ていたら、④クリノフウジンという馬の気配がいい。買うつもりがなかったレースだから、見なかったことにしてもいいのだが、オッズを調べてみると、単勝50倍、複勝10倍の馬だ。最初は、それでは複勝を1000円だけ買うかと思った。実はこういうふうに、買うつもりのなかったレースでもパドックや返し馬で気になった馬の複勝をこっそり買うことがよくある。そんなものはほとんどこないことが多いので、見なかったことにすればいいのだが、こういうところにも競馬の楽しさがあるので、ついつい買ってしまうのである。

ところがこのとき、3連複を買おうと突然ひらめいた。怪しい馬が8頭いるので、④を軸にその8頭に流す3連複のオッズを表示して、もし100倍以下の目があったらどんどんカットするつもりでいたら、全部100倍以上。じゃあ、全部買ってしまえと28点買い。しかし、買ってはみたものの、当たる気はしないので、2階にかき氷を買いに行った。戻る途中でモニターを見るとどこかのレースをやっていたので立ち止まると、それが阪神6R。ちらっと見ると、インから差して3番手で入線した馬が4番に見えた。ホントかよ。リプレイを見ると、間違いなく4番だ。1着が⑬チュウワウィザード、2着が⑤グアン。新聞を指定席に置いてきてしまったので、その2頭を買ったのかどうか、まったくわからない。確定を待つと、1着⑬チュウワウィザードの単勝は490円。こんな人気馬なら買っているだろう。問題は2着の⑤グアンだ。これを買ったかどうか。急いで席に戻って新聞を見ると、おお、買っている！　その3連複の配当が、7万5360円。こんなにつくとは思ってもいなかった。じゃあ、今日はいっちゃえとその後のレースでばんばん飛ばし、宝塚にもどかんと入れたので終わってみたらチャラ。春競馬全体で考えれば大幅なマイナスではあったけれど、土日の3連複2発は、その悪い流れを変える当たりであってほしい。博多に帰るオサムを見送りながらそう思うのである。

1万2000円が返ってきた!

金曜の夜、アキラからメールがきた。土曜中京9R御在所特別にドラグーンシチーが出走するという。ロードカナロア産駒の3歳馬である。2週前にアキラたちと東京競馬場に出撃したとき、9番人気で3着した馬だ。具体的に言うと、3回東京5日目の9R八丈島特別(3歳以上500万下の芝1600m戦)である。前日予想の段階でも本命だったのだが、その日一緒に出撃したアキラの会社の上司、ヨシ先輩が一口馬主であることを知り、じゃあ一緒に喜ぼうと、それはもうたくさん入れてしまった。最初は3連複だけのつもりだったのに、2番人気⑨ゴールドギア(これもロードカナロア産駒だ)とのワイド⑨⑭(約17倍)を3000円、馬連⑨⑭(約60倍)を1000円、さらに⑭ドラグーンシチーの単勝を1000円。合計1万円を投入したのである。ヨシ先輩はその日、スーツ姿で現れ、どうしたんですかと尋ねると、口取りの権利が当たっているんで、もし1着だったら一緒に写真を撮るんですとおっしゃる。そうか、事前にそういうことが決まっているんですね。

そういえば、いつだったか、東京競馬場の指定席エリアを歩いていたら、ヨシ先輩がものすごい勢いで走ってくるところに遭遇したことがある。次のレースに一口持っている馬が出走するらしく、しかも口取りの権利がそのときも当たっていたので、集合場所に急いでいたようだ。もちろん1着でないときは集合することなく解散するのだが。ということだったので、よおしオレも応援するぞとそのときは私も燃え上がったわけである。

これがどこにもこないのなら諦められるのだが、その八丈島特別で、⑭ドラグーンシチーは9番人気という低評価を覆して、3着と激走したからエライ。ところがワイドの相手である⑨ゴールドギアは4着。3連複も、8番人気で2着した⑥シセイヒテンを買っていなかったのでスカ。1着が6番人気の⑪クインズサンだったので3連単が83万と大荒れのレースだったが、せめて⑭ドラグーンシチーの複勝にすればよかったと後悔。そういういきさつのある馬が、中1週で出てくるというのだ。単勝が13・5倍ですよ、これ、おいしいですよねとアキラは言う。ちょっと待ってくれ、それ、競馬新聞の予想オッズかなんかだろ。まだ馬券は発売していないんだから単なる予想だよ。前走で3着したんだから、そんなにはつかないって。いや、JRA－VANに出てますよとアキラ。なにそれ?

A－PATでは土曜の馬券の発売は、土曜の朝7時にならないと始まらないが、即PATとダイレクトでは金曜から全レースの馬券を売っているとのこと。ホントかよ。いつからそうなったのか知らないが、そうなんですか。私、全然知らなかった。そういえば土曜の朝イチで馬券を買うことがたまにあるが、そういうとき、オッズがずらずら出てくるのでヘンだなあと思ったことがある。もう売っていたんですね。アキラは金曜の夜に、ドラグーンシチーの単勝を２０００円買ったようだが（最終的にドラグーンシチーの単勝は９・５倍、５番人気だった）、７着。３着馬とはコンマ３秒差だったから、たいした差はない。５００万を勝ち上がるのは時間の問題だろう。

ところで今週からいよいよ夏競馬の始まりである。昨年の夏は「ワイド１点主義」を実施し、それなりの成果を残した。大きく浮いたわけではないが、夏競馬10週間を負けずに乗り切ったからエライ。昨年は秋競馬以降も「ワイド１点主義」を続行しようとしたが、ワイドが全然当たらなくなって、その後は３連複に落ちついている。なぜ夏競馬でそれなりの成果を示したワイド作戦がまったく当たらなくなったのかはわからない。夏は調子のいい馬がくるからじゃないですかねえ、とアキラは言っていたけど、真偽のほどはわからない。その「ワイド１点主義」を、今年も夏競馬のテーマにしたいと考えている。その開幕週は、土曜は遊び程度におさめ、本格的な出動は日曜から。この日は、福島11ＲラジオＮＩＫＫＥＩ賞のワイド①⑥（８〜９倍）、中京11Ｒ・ＣＢＣ賞のワイド⑩⑯（14〜15倍）が勝負馬券だったが、福島は１番人気の⑥フィエールマンは２着したものの、８番人気の

①ロードアクシスが7着。中京は9番人気⑩ナガラフラワーが2着したが、⑯ペイシャフェリシタは2番人気で15着。どちらか1頭がきたんだからいいとしよう。まだ始まったばかりだ。焦ることはない。気長に攻めていこう。

面白かったのはもう一つの勝負レース、函館10R檜山特別だ。3歳以上1000万下のダート1700mハンデ戦だが、⑭サウスザスナイパーを軸に、3連複だの馬連だのばらし買って、最後にルメール騎乗の⑧ゴールデンブレイヴとのワイド3000円を買ったら、その⑭サウスザスナイパーが除外。戻ってきたのが1万2000円。何か当たったのかと思っちゃいました。当たってねえよ。

大混雑の福島

オジュウチョウサンを観に行ったわけではない。今年は七夕賞ウイークに福島遠征をしよう、とずいぶん前に決めていたのだ。メンバーはオサムにトシキにアキラと私。4人で、みちのく競馬を楽しもうと計画していたのである。そうしたら七夕賞の前日に、オジュウチョウサンが平地のレースに挑戦するというニュースが飛び込んできた。しかも鞍上は武豊。これは盛り上がるだろう。しかしその盛り上がりは想像を絶していた。七夕賞の前日ということは、土曜日である。夏競馬の土曜といえば、のんびりとしたムードが漂うものだが、場内は大混雑。朝、ターフィーショップに行くとあまりの混雑ぶりに中に入れないのだ。まるでGIの日の朝みたい。それにしても障害で9連勝している馬が（それ以外に3勝。つまり障害戦で12勝だ）、どうして500万下の平地戦に出られるのかと思ったら（昔は違っていたと記憶する）、障害戦の賞金は別計算らしい。そうなんですか。

そのレース、具体的に言うと2回福島3日目の9R開成山特別（3歳以上500万下の

2回福島3日　9R　開成山特別

着順	予想	枠番	馬番	馬名	性齢	斤量	騎手	タイム	着差	通過順	上り	人気	単勝オッズ	体重	増減	厩舎
1	▲	❺	⑥	オジュウチョウサン	牡7	57	武　豊	2.42.3		3 2 1 内	37.1	①	2.0	510	0	北和田郎
2	△	❹	④	ドリームスピリット	牡3	54	武藤雅	2.42.8	3	8 8 5 中	37.2	③	5.7	488	−4	北武藤善
3	◬	❼	⑨	コンボルド	牡4	57	石橋脩	2.42.8	首	5 4 2 中	37.5	⑤	10.1	438	−8	南中川公
4	○	❸	③	グリントオブライト	牝5	55	三浦皇	2.42.9	½	⑩ 4 5 外	37.6	②	3.7	446	−2	南戸田博
5	△	❻	⑧	アイスコールド	牝5	55	内田博	2.43.0	½	⑧ 8 5 中	37.4	⑦	41.4	476	+2	北手塚貴
6		❷	②	バリンジャー	騸4	57	北村宏	2.43.3	1¾	5 7 2 中	37.9	⑥	38.5	426	−24	南奥村武
7	△	❶	①	バンダムザブラッド	牡5	57	丸田恭	2.43.7	2½	⑪ 10 10 外	37.8	⑧	52.6	478	−2	南大竹正
8		❼	⑩	オワゾードール	牡3	54	大野拓	2.44.4	4	5 10 11 外	38.4	⑨	99.9	462	−12	南久保田貴
9		❽	⑫	ヨシヒコ	牡4	57	江田照	2.44.7	1¾	2 2 5 中	39.5	⑩	118.9	478	−10	南大江原哲
10		❽	⑪	バレエダンサー	牝5	55	石川裕	2.44.8	½	1 1 2 内	39.7	⑪	271.7	464	+2	南尾関知
11	◎	❺	⑤	ジュンファイトクン	牡6	57	戸崎圭	2.45.6	5	3 4 5 内	40.3	④	8.1	458	+14	栗森　秀
12		❻	⑦	エイム	騸5	57	原田和	2.49.4	大	12 12 12 中	42.6	⑫	426.0	456	−8	南根本康

単⑥200円　複⑥160円　④160円　⑨190円　　ブリンカー＝①⑫⑪
馬連④―⑥760円③　　枠連❹―❺650円③
馬単⑥―④990円②　３連複④⑥⑨2200円⑧
３連単⑥④⑨5380円⑩
ワイド④―⑥370円④　⑥―⑨560円⑦　④―⑨600円⑨

芝２６００ｍ戦）だが、ここではワイドを買うつもりであった。軸は、⑨コンボルド。２走前に同コースで２着しているのに、この日は５番人気とおいしい。コンデュイット産駒の４歳馬だ。競馬エイトの「３ポイントデータ」でもこの馬を推奨している。相手は④ドリームスピリット。３番人気の馬だが、このワイド④⑨でいいような気がする。問題はその配当が６倍しかつかないことだ。しかし、３０００円買ってヒットすれば配当総額が１万８０００円。純益が１万５０００円なら、まあいいのではないか。もちろん理想は10倍×３０００円で、このかたちがいちばん望ましいが、贅沢も言っていられない。低オッズなら当たりやすくなる、というわけでもないので、効率の悪い５倍以下は絶対に買わないことにしているが、６倍はぎりぎりセーフとしたい。たとえばこのレースで、最終的には⑨の相手を④としたが、最初は③グリントオブライトにするかどうしようか迷っていた。本当は決める前にオッズを見てはいけないのだが、こっそり見ると、ワイド③⑨は3～4倍。これではマイルールに抵触するので即中止。ワイド④⑨一本にした。③グリントオブライトはこのクラスで実績があるので2番人気、④ドリームスピリットは未勝利を勝ったばかりなので3番人気。その違いはあるのだが、前者は5歳馬。後者は3歳馬。ならば、イキのいい3歳馬を相手に選んだほうがいい、6倍は少し物足りないが。というわけでワイド④⑨に落ちついたわけだが、ワイドだからオジュウチョウサンが飛べばその配当は跳ね上がる、という期待もあったことは否めない。飛ばなかったんだけどね。オジュウチョウサンが勝ったので場内は盛り上がり、私もワイドが的中したので、みんなが幸せになった開成山特別であった。

この日は他のレースでも安い配当の3連複を2本ゲットしたので終わったみたらチャラ。問題は日曜だった。この日選んだワイド勝負は、4鞍。そのうち3つはすべて福島で、福島9R彦星賞の①⑮、福島10R天の川賞の①⑦、福島11R七夕賞の①③。オッズは順に、25倍、14～17倍、11～12倍。彦星賞の25倍は狙いすぎだが、あとの二つは理想の狙いゾーン。こういうのがきてくれると大変楽になるのだが、これが当たらないのである。1日に1本当たらないとチャラとかチョイ浮きにはならない。だから日曜は半月分の負け。難しいなあワイド。

今週の反省は、日曜中京10Rの有松特別。これが日曜ワイド勝負の4つ目だが、このレースのワイド⑪⑬にいちばんの自信があった。これがいけないのは、記憶にしたがって書くけれど、このオッズがたしか5倍くらいだったことだ。土曜の段階では6倍がぎりぎりセーフと言っていたのに、その下限を下回る5倍馬券を買うのだ。これでは首尾一貫しない。有松特別の⑪⑬に絶大な自信があったのは、土曜の芝1600m戦でもディープインパクト産駒が1〜3着を独占していたからだ。日曜の有松特別にはディープ産駒が3頭出走していたが、上がりタイム2位の⑪サウンドキアラと⑬クリアザトラックの2頭で鉄板、と考えるのも当然というものだ。私が反省するのは、そのワイド⑪⑬に5000円入れたことだ。5倍を3000円じゃつまらない、だったら5000円入れるのはどうか。それならば純益が2万。これならいいだろう、というわけで低オッズ馬券を買うときの悪癖が露呈したのである。こういうふうになるから、低オッズ馬券に手を出してはダメなのである。救われたのはその⑪が発走直前に除外されたこと。おかげで5000円が戻ってきたが、これからはできれば10倍、譲っても7〜8倍、どうしてもというときでも6倍が下限。しかしどのオッズのときでも投入は3000円が上限であること——これを強く言い聞かせて福島をあとにしたのである。

450倍が抜け！

先週書き忘れたことが二つある。まず一つは、七夕賞の朝、今年の七夕賞が「第54回」であることに気がついたこと。だったら、ひやかしで馬連④⑤を1000円買うのはどうかとひらめいた。で、新聞を見ると、⑤マイネルサージュには結構印がついているが（あとで調べてみたら4番人気）、④メドウラークには△が一つだけ。まったくの人気薄である（12頭立ての11番人気）。これはないな、と思い、馬連④⑤のオッズも調べもしなかった。そのことを思い出したのは翌日である。馬券11枚買いの師匠シマノ（これはまだPATがないころの話で、この男はばらばらばらばらばら1レースの馬券をいつも10枚以上買っていたのでこう命名した）と、久しぶりに二人きりで飲んでいたとき、あっと思い出したのである。七夕賞を勝ったのは④メドウラークだが、2着は⑤マイネルサージュではなかったか。私の馬券にかすりもしなかったのでよく覚えていない。たしか3着は12番人気の⑧パワーポケットで、11番人気が1着で、12番人気が3着かよと驚いた記憶がある。3連単はたしか250万だったような記憶もかすかにある。こんなの取れねえよな。問題はその2着馬だ。いやだなあ調べるの。ちょっと待ってくれ、と急いで七夕賞の結果を調べると、やっぱり2着はその⑤マイネルサージュだった。馬連④⑤は2万3250円。捨てたつもりで1000円入れていると、それだけで23万。いいじゃないかそれで。思いつき馬券を全部買っていたらとっくの昔に私、破産しているが、実は思いつき馬券の3回に1回くらいはひそかに買っている。だったら買えよこの七夕賞も。その話をシマノにすると、おれはメドウラークで買ったよ、と事もなげに言う。えっ、七夕賞、取ったの？　よく聞いてみるとシマノが買ったのは、③④⑦の3連複1点。この男は毎週末、その日開催している競馬競輪競艇などの馬券車券船券を100レース以上、全部1点100円で買っているのだ。すべて出目馬券（いや、車券や船券もあるんだけど）なので新聞がなくてもいいから、ホントにヘンなやつである。

もう一つ書き忘れたことは、その七夕賞の日、第1Rのファンファーレにおやっと思ったこと。なんだか聞き慣れないファンファーレなのである。なんだろうと思ってレープロを見ると、「七夕賞当日は懐かしのファンファーレ」と書いてあった。この日の福島競馬全レースは、昭和62年まで使用されていた懐かしのファンファーレを流すというのである。昭和62年といえば、メリーナイスがダービーを勝った年である。タケホープが菊花賞を勝った昭和48年の秋から競馬を始めた私にとっては、その「昭和62年以前のファンファーレ」は当時何度も聞いていたはずなのに、全然覚えていない。昭和62年に東京、中山、京都、阪神のファンファーレが変更になり、福島は翌年の夏競馬から現行のものになったという。ちなみにいまの福島のファンファーレは服部克久氏の作曲ということだ。

そういえば、今年のギャロップエッセー大賞の奨励賞を受賞したみそぎ洋介さんの「競馬の音」は、そのファンファーレについて書いたものであった。障害競走のファンファーレは、1999年のグレード制導入のときに障害競走独自のファンファーレが制定されたということだが、みそぎ洋介さんの「競馬の音」を読むと、三枝成彰氏が作曲したという中山大障害のファンファーレを無性に聞きたくなる。

なかなか馬券の話にならないのは、例によってなにも語ることがないからだ。日曜中京のメイン、名鉄杯をぼんやりとテレビで見ていたら、このレースのファンファーレは1年に一度、この名鉄杯のときしか流れないとアナウンサーが言った。ふーん、ファンファーレの世界は奥が深いんだ。そう思っただけで馬券は全然かすりもしない。かすったのが、日曜中京5Rの新馬戦。普段は買わない新馬戦だが、①エルモンストロ（2番人気）が堅い、とオサムからメールが送られてきて、しかも1番人気の⑪アメリカンウェイクはいらないとまで言うので買う気になった。①の単勝（430円）を3000円買うよりも、その①を1着に固定して2～3着に6頭置く3連単のほうがいいと買ってみたら、その①エルモンストロが逃げ切って、⑪は9着に負けたからオサムの言う通りの決着だった。ところが私、2着の③セグレドスペリオル（7番人気）を買っていなかったので、450倍の3連単が抜け。オサムとアキラと私、みんなが自宅にいるときはLINEで競馬報告をしながら馬券を買うのが最近の通例になっているが、③を買ってないとの私の報告に、「ははは450倍が抜け」とアキラが嬉しそうに書き込んできた。1番人気を買わず、2番人気を軸に相手6頭を選べば、3～8番人気まで買えるはずなのに、どうして7番人気がないんでしょうか。まったく理解しがたい。

ワイドが全然当たらない

『外れ馬券に挨拶を』（ミデアム出版社）が発売になったのでお知らせしたい。これは、当コラムの1年分をまとめたもので、1995年の『外れ馬券に雨が降る』から、毎年刊行していただいている。週刊ギャロップは1995年の1993年10月に創刊され、私の当コラムはその創刊号から始まっている。1995年の『外れ馬券に雨が降る』は、そのギャロップの創刊号から1994年暮れまでの最初の1年（プラス2ヵ月）分をまとめたもので、それ以降は1年分を翌年刊行というスケジュールがずっと続いている。つまり本書は24冊目だ。今回の『外れ馬券に挨拶を』は、2017年1月から12月までの馬券顛末記を収録しているが、半分以上は1年以上前のことなので、覚えていないことが多く、読み返してみると意外なことが少なくない。

たとえば、昨年夏に「ワイド1点作戦」を実施したことは覚えているが、本書を読み返すと、その細部は記憶と事実が微妙に違っているのだ。その「ワイド1点作戦」は、春までに大負けし、このままではパンク必至という事態に追い込まれた末にたどりついた結論であった。それはもちろん覚えている。しかしその本質は、レース数を減らそうということにあったとは、本書を読み返すまで失念していた。それまでは1日20レース以上を、このバカは平気で買っていたのだ。ところが「ワイド1点作戦」を始めると、ワイド1点で仕留められるレース（これはもちろん錯覚で、結果的には外れることが多いんだけど、1点で当たりそうに思えるレースだ）などそうあるものではないから、自然と購入レース数が減っていく。昨年の夏の項を読み返すと、「厳選3鞍」という文字が頻出する。そうだよ、よく「厳選3鞍」と言い聞かせていたよ。実際には、その3鞍以外にも手を出してしまい、全部で10レースくらいは買ってしまうことが多いが（それでも春までの20レース超えに比べると圧倒的に少ない）、勝負は3鞍だけ。あとの7～8レースは1000円ぽっきりとかそんな感じ。勝負の3鞍は1点3000円である。

さらにもう一つ、忘れていたのは、最初のころはその「ワイド1点作戦」プラス「3連複20点くらい」を買っていたことだ。同じレースで同時にワイドと3連複を買っていたことはまったく忘れていた。ワイド1点の1頭を1列目に置き、もう1頭を2列目に置き、あと2頭を選んで2列目、そして3列目は5～6頭。これで20点くらいか。だから、ワイド1点3000円、3連複2000円で、総額が5000円。これを3鞍買うので

1万5000円。あとは7〜8レースをそれぞれ1000円か1500円で遊ぶので、総予算が2万から3万。ワイドで狙うのが10倍なので、一つヒットすれば配当が3万円。したがって一つ当たればチャラ。それに3連複まで当たればプラス、という作戦だったが、昨年の夏10週間実施した結果はなんとプラスだったから、エライ。もちろんたいして儲かったわけではなく、10週間やってみて負けなかったというにすぎないが、それでもマイナスにならなかったのだから我ながら驚いた。だから秋以降もその作戦を続行したのだが、どういうわけか秋以降はワイドが全然まったく当たらなくなってしまった。で、いつの間にか、その「厳選3鞍」の思想を忘れ、ばらばらたくさんのレースを買うようになって今にいたっている。

今年も春の終わりまでに大負けしたので、夏競馬の始まりから「ワイド1点主義作戦」を始めたのだが、これがまったくと言っていいほど当たらないので困っている。たとえば中京記念が行われた3回中京8日目は、オサムと中京競馬場に出撃したが、この日のワイド1点作戦は、中京9R渥美特別（3歳以上500万下の芝2200m戦）と、福島9R栗子特別（3歳以上500万下の芝2000m戦）の2鞍のみ。まず前者の本命は、④スヴァルナ（5番人気で6着）で、対抗が⑬アフリカンゴールド（4番人気で1着）。後者は本命が⑨カラリエーヴァ（4番人気で6着）で、対抗が②ワタシヲマッテル（3番人気で9着）。

ちなみに、ワイド1点なのになぜ「本命」「対抗」と言うかというと、これは昨年3連複を買うとき、1列目に置く馬を「本命」と言い、2列目に置く馬を「対抗」と呼んでいたことに端を発している。渥美特別と栗子特別の問題は、どちらともオッズが5～6倍だったこと。一生懸命に検討して選んだら、残ったのがその2鞍だけで、そしてオッズが5～6倍なのだ。10倍のワイドを見つけられないところに現在の問題がある。その5～6倍のワイドが当たればまだいいのだが、当たらないから地獄。オサムは中京記念の3連単を当てたからいいが、私はなんと21レースに手を出してボウズ。人生をやり直したはずなのにどうして20レース超えという事態を招いたのか、我ながら理解できない。なんだかもうめちゃくちゃである。暑い暑い中京から、ふらふらになって帰京したのである。

知らない間に当たっていた？

ワイド1点主義、という馬券作戦はいいのだが、選んだ1点のオッズが10倍に届かないということがずっと続いている。オッズ10倍のワイドの中から選べばいいではないか、という意見もあるだろうが、それをしてはダメなのである。結論が出る前にオッズを見てはいけないのだ。そんなことをしていると、オッズが最優先の「オッズ競馬」になってしまう。オッズを確認するのは、あくまでも検討したあとなのである。この姿勢だけは守らなければならない。オッズ10倍以下の目でも当たればいいのだが、こんなことを書いているということは、それも当たらないのだ。安いところを狙って（いや、狙っているわけではないのだが）、それでも当たらないのだからイヤになってくる。しかし当たるか当たらないかは結果にすぎない。それよりもまず、オッズ10倍の目を選べるようにならなければダメだ。というのがこのところの宿題だったが、今週は飛躍的に前進した。

土曜に購入したワイド1点は、次の4つ。札幌7Rの⑥⑪、札幌11Rの⑥⑫、新潟11R

の③⑥、小倉12Rの⑨⑫だ。このうち札幌7Rを除くとすべて10～12倍。おお、エライ。このところずっと、6～8倍というオッズが続いていたので、10～12倍というのはすごい進歩である。しかしもちろん、これは私が選んだワイド1点のオッズが「10～12倍」だったというだけのことで、当たったわけではない。その結果は、1着6着、8着2着、5着3着、2着13着。4レースともに1頭は3着以内にきているが、もう1頭は3着以内を確保できず、馬券はすべて外れ。しかも、3着以内を確保した馬たちは、札幌7Rを除いて1～3番人気の馬である。つまり私の本命は、3着以内を確保できなかった馬のほうで、その相手に選んだ上位人気馬がきちんときたにすぎない。だから全然、自慢できない。問題は札幌7Rだ。3歳以上500万下のダート1000m戦だが、私の本命は8番人気の⑥フェリシアルチア。相手に4番人気の⑪サノノショウグンを選んでワイドを購入したのだが、⑥は勝ったものの⑪は6着。ここは素直に、1番人気の④アイアムキャツアイを相手に選ぶべきだった。そうしておくと、⑥フェリシアルチア1着、④アイアムキャツアイ3着で、1230円のワイドが的中だった。それなのにこのバカは、⑥の相手に⑪を選び（そのワイドのオッズは20倍強だ！　それを3000円買うとは何を考えていたのか）、玉砕するのである。

今週は、馬券を買うのは土曜だけのつもりだったが、日曜の朝、「新潟10Rの5番人気アスタースウィングで勝負します。逃げ切るはずです！」とアキラからメールがきた。こういうメールを送ってきてはダメ！　読書でもして静かな日曜を送ろうと思っていたのに馬券を買いたくなるではないか。どういうわけか日曜の新聞も手元にあるし（日曜新潟のメインだけは買いたかったので、新聞は前日に購入していたのだ）、仕方ねえなあと午後のレースを綿密検討。新潟メインのアイビスサマーダッシュ以外は検討していなかったのである（検討すると買いたくなるので）。そしてアキラに次のメールを送った。

「昨日の新潟ダート１２００は３鞍あったが、３着以内９頭のうち６頭が10番から外。だから12番の狙いはいいが、ここは先に行きたい馬が多すぎる。外の距離短縮を狙うのが定番だから、能力断然の⑮で堅い。いや、おれは買わんけどね」

ここまで検討すると他のレースも馬券を買いたくなるのは人情で、結局フル参加。アキラは「小倉８Ｒは①⑯の馬連とワイドで勝負します！」とかなんとかレースのたびに宣言するのだが、たとえばその小倉８Ｒが外れると「もう寝ます――」となんだかすごく淋しげなメールを送ってくる。おい、大丈夫かと心配になるが、続けて「新潟10Ｒまで」とくるから、お前、寝る気ないだろ。そのアキラがパチッと目を覚ましたのは新潟10Ｒ苗場特別。なんとアキラが推奨の⑫アスタースウィングが本当に１着したのである。２着は、大外の⑮アルーアキャロル。馬連が２１５０円。アキラは⑫の単（８７０円）と、３

連複（1万7890円）をゲット。さらにここから怒濤の進撃をみせ、小倉11Rの3連複7820円、札幌12Rの3連単5300円と3発奪取。すごいなアキラ。対する私は相変わらずのボウズで新潟メインを外したところで終了。もう最終を買う気力がない。念のために、照会メニューをクリックし、「投票内容照会」→「受付番号一覧」を表示させると、なんと☆印が2カ所にある。えっ、何か当たったのか！　時々あるのだ。間違えて馬券が当たっていることが。すごい馬券が当たってないかなあ、たとえば10万馬券が当たっていたりして——。おそるおそる開いてみると、小倉8Rで⑧フェールデュビアンが除外になったのでそのぶんの返還馬券だった。馬連と3連複で、☆二つ。ふーん。

共同馬券は難しい

今週は、たそがれのトシキをはじめ、アキラ、オサムと4人で新潟競馬場に出撃したのだが、土曜の共同馬券がいきなり的中。土曜に実施したのは、レースを選択した人が2頭を指名して、その2頭を3連単フォーメーションの1着に置く。残りの3人が選んだ2頭ずつは2~3着に置く、というものだ。この3連単フォーメーションは60点。それを4レースやるので各自の負担は6000円。レースを選択した人の2頭は1着欄にしか置かないというのがミソ。1頭が1着で、もう1頭が3着というケースは外れだから、結構難しい。アキラが選択したのは土曜新潟の9R。3歳以上500万下の芝1800m戦である。アキラ指名の2頭は、⑩ロシュフォール(1番人気)と、⑬ラプルーズ(11番人気)。トシキは、④ゼンノタヂカラオ(7番人気)と、⑨アモーレミオ(2番人気)。オサムは、⑧シュバルツリッター(4番人気)と、⑰ショワドゥロワ(6番人気)。私は、⑥リープフラウミルヒ(3番人気)と、⑪ヒシヴィクトリー(9番人気)。1着担当のアキラは、1番人気と11番人気の指名だから、後者が勝ったら大変だ。90万だの80万だの、ものすごいオッズが並んでいた。結果は、1着⑩ロシュフォール、2着⑪ヒシヴィクトリー、3着④ゼンノタヂカラオで、アキラ→トシキ→私の指名で的中である。3連単は3万4680円。この段階では、競馬は意外に簡単だと思った。ほかの3つも当たるんじゃないかという気がしたが、もちろんそんなことはなく、あとはすべて外れ。

惜しかったのは翌日だ。方法を土曜とは変えたのである。今度はレースを指名した人の2頭を1～3着に置く。残りの3人は1頭ずつ指名して、それを2～3着に置く。3連単フォーメーションは同じなのだが、中身を少しだけ変えたのである。それで何点？と誰かが言ったので、ええと40点かなと私が言った。じゃあ、土曜よりも点数が少なくなるからそれでいいんじゃない、と競馬場に向かうタクシーの中で決定。実は24点なんですね。私の間違いである。このときに、24点だなと私が正確に言っていたら、じゃあ5頭ボックスにしようよと誰かが言った可能性がある。それで60点であり、前日と同じになるのだし、そのケースが実現した可能性は高い。もしそうなっていたら、どうなっていたか。いやはや、惜しかった。日曜札幌の6Rで、オサム指名の④イルフォーコン（7番人気）が1着、私が指名した⑩ヨシヒコ（6番人気）が2着、アキラ指名の⑧ランドジュピター（9番人気）が3着したのだ。その3連単は24万1900円。みんなの指名馬が1～3着したのに、

1回札幌4日　6R　3歳上500万下

着順	予想	枠番	馬番	馬名	性齢	斤量	騎手	タイム	着差	通過順	上り	人気	単勝オッズ	体重増減	厩舎
1	▲	❹	④	イルフォーコン	牡5	57	丹内祐	2.34.2		7 8 8 外	**37.7**	⑦	24.4	460－4	美武市康
2	△	❼	⑩	ヨシヒコ	牡4	56	加藤祥	2.34.3	3/4	⑩ 2 1 外	38.4	⑥	20.3	482＋4	美大江原哲
3		❻	⑧	ランドジュピター	牡4	57	城戸義	2.34.9	3 1/2	11 10 11 外	38.1	⑨	49.4	456 0	栗安達昭
4	△	❽	⑫	ペイシャジャン	牡3	54	畑端省	2.35.4	3	④ 5 5 中	39.1	⑧	41.7	506＋12	栗吉田直
5		❼	⑨	トモジャプリマ	牝4	55	勝浦正	2.35.7	2	2 2 2 中	39.7	⑫	158.5	450 0	美鈴木伸
6	▲	❸	③	スズカロング	牡4	57	藤岡康	2.35.7	首	2 2 2 中	39.7	①	2.9	486＋6	栗橋田満
7	◎	❺	⑥	フィールドドウサン	牡3	54	モレイラ	2.35.8	首	9 8 5 外	39.4	③	3.2	530 0	栗西園正
8		❶	①	フォースリッチ	牡5	57	柴山雄	2.36.0	1 1/2	7 10 11 中	39.3	⑩	71.6	476－2	北小笠倫
9		❻	⑦	ゴッドスパロウ	牡3	54	古川吉	2.36.7	4	4 5 5 中	40.4	⑤	19.1	526－2	栗角田晃
10	○	❽	⑪	エンパイアカラー	騸4	55	横山武	2.36.8	1/2	1 1 2 内	40.9	②	3.1	500－2	北藤原辰
11		❷	②	ウインランブル	牡5	57	菱田裕	2.37.2	2 1/2	4 5 11 内	40.9	⑪	127.1	476－2	栗中村均
	△	❺	⑤	ワイルドシング	牡3	54	国分恭	（中止）		⑫ 12	—	④	13.1	442－8	栗飯田祐

単④2440円　複④440円　⑩610円　⑧1100円　ブリンカー＝⑩
馬連④—⑩12840円㉙　枠連❹—❼6880円⑰
馬単④—⑩22450円㊻　３連複④⑧⑩74930円120
３連単④⑩⑧241900円505
ワイド④—⑩2870円㉗　④—⑧3460円㉛　⑧—⑩6930円㊸

馬券が外れたのは、このレースを選択したのがアキラなので、彼の指名馬が1着しないかぎり3連単フォーメーションは外れだからである。みんなの指名馬のボックス馬券にしていたら、簡単に当たっていたのである。24万を4人でわければ、一人6万。まあ、びっくりするほどの大金ではないが、それで十分である。共同馬券の奥は深い。まだまだ研究の余地はある。

個人馬券のほうは、ようやく燭光《しょっこう》が見え始めた。土曜に共同馬券を仕留めた新潟9Rで、ワイドを久々に当てたのである。共同馬券で指名した2頭のうち、⑪ヒシヴィクトリーのほうをワイドでは選択。その相手を戸崎（2番人気⑨アモーレミオ）か、ルメール（1番人気⑩ロシュフォール）かで悩んだ末に、ルメールを選択してワイド300円。前記したように、この2頭が1~2着したのでワイドが的中。それが1010円。ちなみに⑨アモーレミオは4着だったから、もしも戸崎を選んでいたら外れていた。本当に紙一重である。このところずっと、ワイド1点作戦は実らず、というよりも選択の段階から10倍前後の目を選べず、買おうとすると6倍くらいでメゲていたから、この1010円のヒットは嬉しい。

しかも日曜もヒットしたのだ。日曜新潟10R鷲進特別（3歳以上1000万下の芝直線1000m戦）だ。このレースを勝ったのは1番人気の⑨レッドラウダだが、⑧シルヴァーコード（8番人気）と⑯アーヒラ（2番人気）が2着同着。私が「ワイド1点作戦」で選んだのはその同着2頭なので、どちらが2着でも関係がなかったが、「どうせなら2着は8番のほうがいいなあ」と言っていたのはオサム。彼は、⑨を頭に3連単を買っていたのだが、2着がどちらでも的中ではあるものの、8番のほうが人気薄なので、こちらが2着のほうが配当がいい。同着だったので、オサムは9360円と6370円の3連単がダブル的中だ。それでもまだプラスにはならなかったようだが、しかし当たるということは希望の光が見えているということだ。私のワイドは、1370円。10倍前後のワイドを1日1本当てるという「ワイド1点作戦」がこの夏初めて成功したわけである。ワイド自体はたいした浮きではないけれど、作戦が成功するとしみじみと嬉しい。このまま夏を突っ走れ！

新潟の内回りは先行馬を買え

2回小倉6日目の10R西部日刊スポーツ杯（3歳以上1000万下のダート1000m戦）で買ったのは、②スターペスマリアと⑦メイショウボノムのワイドだった。5番人気と6番人気なので、そのオッズは13〜14倍。どうやら先週で一皮剥けたような気がする。こういう10倍超えのワイドの組み合わせが簡単に視野に入ってくるのは、そういうことに違いない。少し前は、この組み合わせいいなあ、と結論を出してからオッズを見ると、5〜6倍。ダメじゃん、ということが多かったが、一皮剥けるともう違うのである。13〜14倍のワイドに3000円。これが当たってもそれまでの負けを一気に取り戻すには至らないが、流れが変われば望みはある。勝負のメインレースがまだ残っているし、期待に胸がぐんぐん膨らんでいく。もっとも、レースの途中で②スターペスマリアの鞍上がいなくなっているのでびっくり。いつ落ちたんだ。全然気がつかなかった。その直前、新潟10R豊栄特別（3歳以上1000万下の芝1400m戦）で⑭モアナが競走除外になり、この馬の

1着固定の3連単を買っていたオサム（この日は小倉競馬場に出撃していた）から「全額返還になりました」とメールがきていたので、「落馬のときも全額返還してくれ！」と思わずメールしてしまった。

この日はここで競馬をやめるべきだった。自分の買った馬が落馬するなんて、ツキのなさのピークと言っていい。こんな日に馬券を買ったって当たるわけがない。しかもツキがないだけではない。小倉メインの博多S（3歳以上1600万下の芝2000m戦）で、6番人気の⑦スズカディープが勝つと、「スズカディープを買っていたのに相手が違う！」とアキラからメール。6番人気ということは、このレースは7頭立てだからブービー人気ということだ。「よくこんな馬を買えるなあ」とメールすると「3年前に小倉の同距離で勝っていたので」とすぐに返事。すごいなあ3年前のことまで調べているんだと思って、もう一度よく見たら「3走前」だった。目まで悪い！　で、競馬新聞を見ると、本当に3走前に1000万下を勝っている。そんなことにも気がつかないなんて、ぼんやりにもほどがある。ようするに、落馬するほどツキがなく、目まで悪く、ぼんやりとしているバカなのである。

しかしこの段階では、勝負レースの関屋記念で一気に取り戻すんだとまだ意気軒昂。というのは今年の関屋記念、人気が差し馬に偏っていたからだ。これはおいしい。日本一直線の長い外回りのマイル戦とはいえ、昨年、マルターズアポジーとウインガニオンの行ったままで決まったように（馬連が70倍だった）、もともと先行馬に有利なレースである。逃げ馬が3着以内に残ったのが、この10年で4回もある。さらに、2～3番手の馬が3着以内に残ったのは、この10年で9頭もいるのだ。直線が長いから差し馬有利というのは、幻想にすぎない。人気薄の先行馬がこれだけ穴をあけていることを考えれば、ここは逃げ先行馬を買いたくなるのが人情というものだ。さらに先週日曜の最終レース、今週土曜のメイン新潟日報賞ともに逃げ馬が穴をあけている。というわけで、人気薄の逃げ先行馬ばかりの組み合わせを腰が抜けるほど買いまくった。さあ、どこからでもこい！

こんなに自信があるのは逆に怖いなあ、と思っていたら——この先は書きたくない。逃げた④エイシンティンクルこそ3着に残ったものの（この馬は3番人気なので、人気薄の先行馬の範疇に入らないので私は1円も買っていない）、勝った⑫プリモシーンは中団から、2着の⑩ワントゥワンは4コーナー最後方から見事に差して1～2着。こんなに綺麗に差し馬同士で決まったことは、スマイルジャックが勝った9年前以来。そうか、あることはあるんだ。レース前に、ディープ産駒に丸印をつけ、押さえにディープ産駒ボックスを買おうかとオッズを調べたことを思い出した。12番人気の①ベルキャニオンを除けば、あとの4頭は全部人気馬なので、低配当ばかり。で、そんなつまらないことはやめようと産駒ボックスは忘れてしまったのだが、終わってみたらディープ産駒でも牝3頭が1〜3着独占したことに気がついた。ディープ産駒の牝3頭の3連複を1点買えばよかったのだ。直線の長いコースならディープ産駒だよな、夏は牝馬だよな、と思えば、この馬券、買えないことはない。たった1000円を遊びのつもりで捨てていたら、5450円の3連複が簡単に当たっていた。5万円だぜ。買えよ。

最後にようやく気がついた。先週日曜の新潟最終も、土曜のメイン新潟日報賞も、内回りの芝1400mだった。外回りのマイル戦ではないのだ。いや、逃げ先行馬が残った理由が内回り戦だったからなのかどうか、その本当の原因はわからない。しかし、内回りと外回りは違うということを、ちらりと考えるべきではなかったのか。暑い暑い東京で、そう反省するのである。

うなだれて小倉

日曜の最終レースはヤケになっていた。今週はオサムと小倉競馬場に出撃したのだが、とにかく当たらないのだ。で、小倉の最終に総額1万4000円。新潟の最終に1万2000円。札幌の最終に7000円。最終レースだけで総額3万3000円を入れてしまった。しかも、いけないのは日曜の購入レース数がその最終3鞍を入れて、全部で24レース。こんなことをやってはダメだ。

土曜は楽しかったのである。前日の土曜は美貌の人妻ユーちゃんがやってきて（昨年秋のエリザベス女王杯以来の再会だ）、ああでもないこうでもないとバカなことを話しながら馬券を買うのはホント、楽しい。馬券の収支も、それほどでかい馬券を当てたわけではないが、いくつか取ってチャラだったから、それ以上のことを望んでは贅沢というものだろう。最終レース終了後は、小倉駅近くの「鉄なべ」（これが店名）で餃子とモツ鍋、シメにラーメン。いやあ、夏はモツ鍋だぜ。小倉競馬場限定販売の焼酎「鼓鞍乃夏」を購入したユーちゃんは嬉しそうにそれを抱えて帰っていった。問題はその翌日、日曜だ。どこで間違えてしまったのか。午前中から面白そうなレースがこの日は多かったのが、たぶんいけないのだ。だから、はっと気がつくともう戻れない場所にいた。いや、あとで振り返ると、いつでも戻れたのだ。しかし、まあいいや、このまま行ってしまえ、という声を聞いてしまったのだろう。そうでなければ24レースも買うなんてことを最近の私がするわけがない。惜しいレースもいくつかあり、安い配当の馬券をいくつか取ってはいたが、すべて焼け石に水。で、問題の最終レースを迎えるのだ。

自分の買った馬券が全然惜しくないのならいい。いや、いいというのはおかしいが、まあ、それではどうしようもないのだから、反省のしようがない。あそこを間違わなければ、ということがあったときに、人は深く後悔するのである。それが札幌最終レースだった。この日は札幌が最後だった。まず小倉、次に新潟、順当に二つとも外れたが、これはよくあることだから、仕方がない。小倉の最終（3歳以上ダート1700m戦）は返し馬の動きが素軽かった7番人気のエンパイアメーカー産駒⑤メイショウバンカラから、どかんどかんといくと、あおり気味のスタートで終始後方。4コーナーでは最後方だから、よくも9着まで押し上げたものだ。こういうことはよくあるので、特に後悔もしない。いやだなあ、この先のことは思い出したくないなあ。最後の最後に行われたのが札幌最終の小樽特

2回札幌2日　12R　小樽特別

着順	予想	枠番	馬番	馬名	性齢	斤量	騎手	タイム	着差	通過順	上り	人気	単勝オッズ	体重増減	厩舎
1	◎	❼	⑬	シュエットヌーベル	牝4	55	藤岡康	1.10.5		12 12 11 中	34.8	②	3.8	452+	2栗羽月友
2	△	❹	⑦	デルマキセキ	牝3	52	荻野琢	1.10.6	½	15 13 13 外	**34.7**	⑩	38.4	442	0栗友道康
3		❽	⑯	ティーカラット	牡3	54	国分恭	1.10.6	首	7 6 3 外	35.4	⑧	19.3	496−	2栗池添兼
4	△	❷	④	ロードラズライト	騸3	54	三浦皇	1.10.6	鼻	2 4 3 内	35.5	④	8.5	440	0栗浅見秀
5	▲	❼	⑭	リンシャンカイホウ	牡3	54	池添謙	1.10.7	首	1 1 1 内	35.9	⑥	11.7	430	0南田中剛
6	○	❹	⑧	ジェットコルサ	牡6	57	丸山元	1.10.7	鼻	7 6 7 中	35.5	③	5.6	476−	2北金成貴
7		❷	③	ハートイズハート	牡5	57	松田大	1.10.9	1¼	10 11 11 内	35.3	⑭	253.9	452−	6北中野栄
8	▲	❻	⑪	マイネルパッセ	牡5	57	モレイラ	1.11.1	1½	4 2 2 中	36.2	①	3.6	458+	4南萱野浩
9	△	❸	⑤	マイネルアムニス	牡4	57	丹内祐	1.11.2	½	4 8 7 内	35.9	⑦	14.1	490−	4南畠山吉
10		❽	⑮	ボスキャットグレイ	牡5	57	藤岡佑	1.11.4	1¼	4 3 3 中	36.4	⑪	54.2	462	0栗橋口慎
11		❶	②	リュウシンローズ	牝4	55	長岡禎	1.11.4	首	⑭ 15 15 内	35.3	⑯	360.0	460−	2南堀井雅
12	△	❺	⑩	ポップシンガー	牝4	55	勝浦正	1.11.4	鼻	3 4 6 中	36.3	⑤	10.4	454−	6南鈴木伸
13		❺	⑨	ティーズロワール	牝3	52	山本咲	1.11.5	首	⑩ 10 7 外	36.0	⑮	312.4	438−	6地小野望
14		❸	⑥	ジャストザマリン	牝4	55	柴山雄	1.12.1	3½	⑦ 8 7 中	36.8	⑨	21.2	522+	4栗牧浦充
15		❻	⑫	アンフィーサ	牝3	52	五十嵐冬	1.12.2	2¾	16 16 16 内	35.6	⑬	141.3	466−	4地川島洋
16		❶	①	ミコジェンヌ	牝3	52	松岡正	1.12.3	首	⑫ 13 14 外	36.4	⑫	102.6	444−	2北谷原義

単⑬380円　複⑬170円　⑦680円　⑯550円　　ブリンカー＝⑬⑦⑮
馬連⑦—⑬7570円㉗　　枠連❹—❼610円②
馬単⑬—⑦12130円㊷　３連複⑦⑬⑯37360円106
３連単⑬⑦⑯178200円506
ワイド⑦—⑬2090円㉒　⑬—⑯1420円⑯　⑦—⑯6560円㊸

別。3歳以上500万下の芝1200m戦で、結果を先に書いておくと、1着が⑬シュエットヌーベル、2着が⑦デルマキセキ、3着が⑯ティーカラットで、馬連7570円、3連複3万7360円、3連単が17万だった。どうしてこんなに荒れたのかというと、1着馬こそ2番人気だったものの、2、3着馬が10番人気と8番人気だったからだ。で、これが取れない馬券ではなかったから、あれからずっと後悔しているのである。

実は私、このレースで買ったのは5頭ボックスだった。その5頭は内から順に、⑤マイネルアムニス（7番人気）、⑦デルマキセキ（10番人気）、⑪マイネルパッセ（1番人気）、⑭リンシャンカイホウ（6番人気）、⑯ティーカラット（8番人気）の5頭だ。つまり、2着馬も3着馬も買っているのである。抜けたのは1着の⑬シュエットヌーベルだけ。しかもこの馬は2番人気なのだ。どうして買わないの？

いつもなら、目を思い切り広げてオッズを表示させ、そこから安い目をどんどん切っていく方法を、私は取っている。基本的に100倍以下はカットするが、あまりに最初の点数が多いときは250倍以下まで全部カットしたりもする。ようするに購入点数が20〜30点におさまるまでカットするのだ。だからここでは、2番人気の⑬シュエットヌーベル、3番人気の⑧ジェットコルサ、4番人気の④ロードラズライトの3頭を足して、8頭の3連複ボックス56点を表示させ、そこから安い目をどんどん切って20点前後まで絞っていくべきであった。いつものようにそうしていれば、370倍の3連複は簡単にゲットできたのである。それなのにこのバカは、最後まで気になった⑬シュエットヌーベルを切り、5頭ボックス10点を表示させて、いつもの逆の方法（つまりカットするのではなく、500円にしたり1000円にしたり増やしていく方法）を取ってしまった。あとで聞くと、東京にいたトシキは7頭ボックスで馬連と3連複を仕留めたという。いつも彼は6頭を上限としているのだが、春の東京で、私が7頭ボックスで高配当を仕留めたことを思い出してゲットしたというのだ。えっ、そうなの？　ずっとボウズだったオサムも3連複を仕留め、外したのは私だけ！　深くうなだれて帰京したのである。

パークウインズの夏

「小倉8Rのサマーバード産駒と、ぼくの注目馬の7番を買います。」と 北京に出張中のアキラから土曜にメールが入った。その小倉8Rは、3歳以上500万下のダート1700m戦で、サマーバード産駒は⑩アシャカリアン（5番人気）、「注目馬の7番」とは⑦マルクデラポム（11番人気）である。ワイドは32～34倍だったが、9着と5着。世界中、どこからでも馬券が買えるとはすごい時代である。もっとも「本当はこの週末、馬券は買わないつもりだったのですが（笑）」ということになるから、買えない時代のほうがよかったのか。アキラはなぜかサマーバード産駒が出てくるたびに買っている。「ぼくの注目馬」とはJRA-VANの機能の一つで、気になった馬を登録しておくと、その馬が出てきたときに教えてくれる。私も一時期使ったことがあるが、しょせんは素人の「注目馬」なので、出てきたからといって、馬券に絡むかというとそういうことは滅多になく、だったら気がつかないほうがよかった、ということのほうが多いので、いつの間にか使わなくなってしまった。

その土曜は小倉12R（3歳以上500万下の芝1200m戦）の3連複564倍を仕留めたので、私は久々のプラス。収支を尋ねられたのでそれを報告すると、「いいなあ」とアキラ。しかも一晩明けて日曜小倉の3Rまで取ったのである。この日はパークウインズ東京競馬場フジビュースタンド7階のゲストルームで、「ゲストルームでみんなでケイバ！ビール飲み放題付きグループ観戦」が行われ、そこに競馬友達と参加したのだが、パドックでよく見えた6番人気⑬ココナッツスルーの単勝と3連複を買うと、コンマ1秒差の2着と駆け、単は逸したものの、268倍の3連複をゲット。1着の⑫アイリッシュビート（2番人気）との馬連4080円も買えばよかった。こんな中穴を取れる機会は滅多にないのだ。取れるときに取っておかないとあとがきつい。しかし土曜の最終と、日曜の3Rを取ったのである。564倍と268倍。これで気が大きくなったのが失敗であった。いや、そんなつもりはなかったのだが、あとから考えるとたぶんそうなのだろう。それから1本も当たらなかったことはいいとしよう。いいわけはないが、よくあることだ。問題は、購入レースが25レースだったこと。本年で最大の購入数である。6頭立ての札幌5R（芝1200mの2歳新馬戦）まで手を出すのだから、だめだ。しかも外れ。このレースでどんな馬券を買ったのは書きたくない。少頭数のレースは一度も買ったことがないのに、本当にこの日はどうかしていた。終わってみたら全治1ヵ月。午前中に268倍の3連複を取っておきながら全治1ヵ月とはひどすぎる。

その日曜は「新潟10Rの2番から3連単を買います」とアキラからメールがきたが、②コスモドームは9番人気の馬で、よくこんな馬を買えるよな。結果は8着。日曜の夕方、「北京から馬券を買っても当たりません」とメールがきたので、「きのうの勝ち額の倍、負けました」と返事すると、「おお、めでたい！」と元気が出たようだった。彼が元気を取り戻してくれればいいか。オサムは「久々にちょっと勝ちました」と言ってきたから、大けがはしなかったようで、それがなによりだ。

夏競馬もあと1週で終わるので、ここで総括しておきたい。昨年の夏は、ワイド1点作戦が成功し、大勝ちもしないものの大負けもせず、無事に夏を乗り切ることができた。今年の夏も同じ作戦でいこうと思ったのだが、10倍前後の2頭を選ぶことができず、3連複で時折ヒットすることもあったので、ワイド1点作戦に徹底しきれなかった。それがいちばんの敗因だと思う。これから始まる秋競馬のために、改めて決意したい。10倍前後のワイド1点で勝負せよ、という馬券作戦は正しいと思うのだが、そしてそれがいちばんいいと思うのだが、10倍前後のワイド1点を見つけることは相変わらず困難かもしれない。この夏、ずっとできなかったのだから、秋になったからといって、急にできるものではない。

その2頭を探し出すのは、とてつもなく難しいのだ。そこで、まずできることから始めよう。その第一は、購入レースを減らすことだ。これならできるだろう。少なくとも全部で10レースは超えないこと。これは絶対に守らなければならない。それを守れない理由を考えてみたが、切迫感に欠けているのだ。本当は銀行の残高を見るまでもなく、もう大変な事態であるのに、どこか他人事の風情がある。お前ね、自分のことなんだよ。このまま行けば、競馬を続けることは困難になるんだよ、そこのところがわかっているのか！　と言いたくなる。こないだはトシキに言われてしまった。「あのさ、大丈夫なの」。そうなのである。必死さが私には足りないのだ。まあ、なんとかなるだろ、とどこかで思っているのである。本当に大変な事態であることを認識せよ！　わかりましたか！

ＬＩＮＥで競馬

思わず、吹き出してしまった。実は今年になってから、私とオサムとアキラの３人でＬＩＮＥのグループをつくっている。競馬仲間とグループをつくると、そこに書き込めばみんなが読むことができるのでとても便利だ。狙い馬を書いて、相手馬を教えてくれいと書き込めば、他の人がすぐに書き込んでくるから、なんだか一緒に競馬しているみたい。私とアキラは東京にいるが、すごく離れているし、オサムはもともと福岡だ。それなのにレースごとに３人で会話しているみたいになるから、臨場感もたっぷりである。

今週の土曜は、札幌のメイン札幌２歳Ｓの③ニシノデイジーが面白いというデータをオサムが朝書き込んできた。すると「今日は買わない予定でしたが、その３番は買ってみようかな。単勝と馬連総流しを買います！」とアキラがすぐに反応してきた。このように午前中はああでもないこうでもないとオサムもアキラも書き込み、とても楽しかったのだが、そのうちにまずオサムの書き込みがなくなった。こういうときは外出したということだ。

ずっと家にいてテレビを見ていると予定外のレースも買いたくなるから、予定のレースだけ購入して外出し、あとで確認するのだ。もう長い付き合いなのでオサムの行動形態がわかるのである。そうか、外出しちゃったか。

するとＲまではあれこれ書き込んでいたアキラも、そのうちに反応なしになった。どうしたんだお前も外出しちゃったのか。最初から一人なら淋しくないが、さっきまで３人でああでもないこうでもないと書き込んでいたのに、それがあっという間に一人になると、途端に淋しくなる。札幌２歳Ｓをなんとオサム推薦の③ニシノデイジーが勝ったというのに、アキラからは何の書き込みもない。その単勝が２８２０円。２着に公営の⑭ナイママが入って馬連は８７７０円。こんな馬券を取ったのに書き込まないとは、外出しているに違いない。私は、６番人気の③ニシノデイジーと、２番人気の⑩ウィクトーリアとのワイド（８・８〜９・９倍）に３０００円入れただけで、③の単勝も複勝も買ってないので丸外れ。③の相手に、せめて１番人気の①クラージュゲリエ（３着）を選んでおけば、８７０円のワイドが当たったというのに、私、ホントに最後のツメが甘い。すると最終レースが終わったころにアキラから書き込みがあった。「寝てたらニシノデイジーが勝ってました」。寝てたのかよ。

翌日の日曜は、オサムが朝から小倉競馬場に出撃したので、ずっと互いの狙い馬などを二人で交互にLINEに書き込んでいた。すると、その書き込みを見たアキラから、8Rまでは読書のつもりだったんですが、面白そうだから午前中も買おうかなと、早速反応があった。アキラよ、読書もいいけど週末は競馬だ。しかし午前中はまったく当たらず、午後になってもいいところがなく、みんなの書き込みだけが増えていく。で、小倉8Rが、1着⑨メイショウカズヒメ（8番人気）、2着⑯レジーナファースト（2番人気）、3着⑦アリエスムーン（11番人気）で、3連複895倍（3連単は67万だ）の決着になると、「3着が抜けたーッ！」という私の書き込みに、「この1着馬は初芝ですね」とオサム。いや、その1着馬は買っているんだよ、3着馬が買えないんだよ。思わず、吹き出してしまったのはそのしばらくあとである。「結局予定の倍のレースを買ってしまいました」とアキラが書き込むので、「まだ終わってない！　おれも当たってないけど」と私が励ますと、オサムが締めてきたのだ。「わたしも当たっていません」。吹き出したのはその次の行だ。「きのうから」。

自分もボウズなんだから他人のことを笑っている場合ではないのだが、それに笑うとは大変失礼な行為なのだが、あまりに絶妙なタイミングなので吹き出してしまった。ごめんねオサム。この日のハイライトは新潟10R飯豊特別。ここで私は4番人気⑧ディアサルファーと、3番人気⑨ビリーバーのワイドを1点3000円買うつもりだったのだが、そ

2回新潟12日　10R　飯豊特別

着順	予想	枠番	馬番	馬名	性齢	斤量	騎手	タイム	着差	通過順	上り	人気	単勝オッズ	体重増減	厩舎
1		❽	⑭	ブロワ	牝5	51	杉原誠	1.08.5		1 1 1 内	34.1	⑩	94.6	480+4	圄大江原哲
2	◎	❻	⑨	ビリーバー	牝3	51	大野拓	1.08.8	1¾	5 5 5 中	33.6	③	7.2	464+6	北石毛彦
3	△	❷	②	グランシェリー	牝7	53	津村明	1.08.9	¾	2 2 2 中	34.3	⑧	23.0	528+6	棘庄野靖
4	△	❺	⑧	ディアサルファー	牝3	51	江田照	1.08.9	鼻	3 3 3 中	34.0	④	9.5	474−6	北菊川正
5	○	❽	⑬	ラベンダーヴァレイ	牝5	54	戸崎圭	1.08.9	頭	8 8 7 外	33.5	②	3.2	432+4	棘藤原英
6		❺	⑦	ミエノドリーマー	牡5	54	田中勝	1.09.0	½	5 5 5 内	33.8	⑫	107.5	476+20	北国枝栄
7	▲	❶	①	コパノディール	牝5	52	藤田菜	1.09.2	1	10 8 7 内	33.7	⑥	11.3	432−2	北武藤善
8	△	❼	⑪	ジュンヴァルロ	牡3	54	福永祐	1.09.2	首	11 11 11 外	33.5	①	3.0	488 0	棘友道康
9		❸	③	スマートシャヒーン	牡4	55	池添謙	1.09.3	¾	12 12 12 内	33.5	⑦	14.2	482+6	棘安田隆
10		❹	⑥	ジュンザワールド	牡5	54	石川裕	1.09.3	頭	8 8 7 中	33.8	⑪	98.4	538+10	圄勢司和
11		❹	⑤	ウィズアットレース	牝6	50	木幡巧	1.09.4	½	3 3 3 中	34.5	⑭	203.2	422−2	北中野栄
12		❼	⑫	ジョンブリアン	牝5	51	嘉藤貴	1.09.5	首	14 14 14 外	**33.4**	⑬	117.0	472+18	北高柳瑞
13		❸	④	ノーブルルージュ	牝6	52	丸田恭	1.09.5	鼻	13 12 13 外	33.6	⑨	51.6	474−2	棘宮本博
14	▲	❻	⑩	メイショウアリソン	牡4	56	三浦皇	1.09.7	1½	7 7 7 外	34.4	⑤	9.5	500 0	棘池添兼

単⑭9460円　複⑭1680円　⑨340円　②570円　　ブリンカー＝⑦
馬連⑨—⑭38590円㊾　　枠連❻—❽620円③
馬単⑭—⑨116140円117　３連複②⑨⑭182440円217
３連単⑭⑨②1713570円1394
ワイド⑨—⑭9480円52　②—⑭13400円67　②—⑨2390円27

れを書き込むと「のりました！」とアキラ。この飯豊特別はスタートと同時にポンと飛び出した10番人気の⑭ブロアがそのまま逃げ切って、番手先行の②グランシェリー（8番人気）が3着に残り（2着は⑨ビリーバー）、3連単が171万、3連複が18万というレースだったが、そんなのはどうでもよろしい。最後の直線で2番手に残る②に、外から⑧、大外から⑨が差してきて、まず⑨は2番手に上がったのである。あとは②を⑧が差せばワイドが完成する。差せ差せ差せ江田！とテレビに向かって叫んだ。おそらくいま、アキラも同様に叫んでいるだろう。二人の夢を乗せて⑧ディアサルファーが②グランシェリーに迫っていく。当たっても9倍前後程度だからたいした配当ではないのだが、しかしそれで流れが一変するかもしれない。しかし⑧は②を差せずハナ差の4着。もうダメだ！

10万勝負の行方

10万円勝負をしませんか？　とシゲ坊からメールがきた。えっ、どういうこと？　何か狙いのレースがあるの？　そこに10万円、入れるって言うの？　よく話を聞いてみたら、そういうことではなかった。10万円を資金にして、それがいくらまで膨れ上がるか、ちょっとやってみませんか、と言うのだ。秋競馬が開幕する4回中山初日に、一緒に中山競馬場に行く約束を以前からしていたのだが、その中山で10万資金勝負をしてみたいと言うのである。レースと馬券の種類はこれから決めるとのこと。ただ、中山1Rは対象レースに決めているようだ。そこで、1Rにいきなり10万を入れるのはやめようね、外れたらそれで終わっちゃうから。中山で会うなり、そう念を押すと、「そういうことはやりません。阪神最終もやりたいから」とシゲ坊。それ以外にもあと2つか3つはやりたいと言う。全部で4レースなら1レース2万5000円ずつというわけだ。全部で5レースなら1レース2万になる。「馬券の種類は？」「馬連かなあ」。シゲ坊のイメージは、馬連5000円を4

4回中山初日　1R　2歳未勝利

着順	予想	枠番	馬番	馬名	性齢	斤量	騎手	タイム	着差	通過順	上り	人気	単勝オッズ	体重増減	厩舎
1	○	❽	⑮	エコロディアマンテ	牡2	53	木幡巧	1.13.6		3-2-2	中38.0	①	2.4	470 0	(北)岩戸孝
2		❸	⑥	キタノオドリコ	牝2	54	石川裕	1.13.7	3/4	2-1-1	内38.1	⑥	16.1	488+2	(南)相沢郁
3	◎	❹	⑧	ニシノオウキ	牡2	54	田辺裕	1.13.9	1¼	11-8-7	外37.4	②	3.8	460 0	(南)尾形和
4	▲	❻	⑪	ペイシャリルキス	牡2	51	山田敬	1.14.1	1¼	10-11-10	外**37.3**	③	5.7	452+8	(北)高市圭
5		❼	⑭	トモジャナイト	牡2	54	丹内祐	1.14.1	鼻	8-8-7	中37.7	④	13.8	502−4	(北)加藤和
6	△	❹	⑦	シゲルホタルイシ	牡2	54	武士沢友	1.14.2	½	4-4-3	中38.3	⑧	29.3	472−2	(北)水野貴
7		❺	⑨	クリスタルボール	牝2	54	宮崎北	1.15.3	7	13-12-10	内38.4	⑮	358.8	422 0	(南)佐藤吉
8	△	❷	④	ラブミーサアヤ	牝2	52	藤田菜	1.15.4	½	4-4-3	中39.5	⑦	20.0	470+8	(北)上原博
9		❼	⑬	パゴダ	牝2	54	杉原誠	1.15.7	2	14-13-13	中38.4	⑩	84.6	428 0	(北)南田美
10	△	❻	⑫	ケンブリッジウィズ	牝2	52	横山武	1.16.5	5	4-7-9	外40.4	⑪	101.1	426−2	(北)石栗龍
11		❶	②	ダンスナンバー	牝2	52	菊沢一	1.16.8	2	9-10-10	内40.2	⑫	165.3	438−4	(北)和田郎
12		❺	⑩	ミーラークルム	牝2	54	柴田大	1.16.9	½	4-4-6	外41.0	⑯	448.9	468+4	(南)田村康
13		❷	③	ニシノサトル	牡2	54	丸山元	1.17.4	3	16-15-14	外38.8	⑭	216.1	454−2	(南)小桧山悟
14		❶	①	フクノマーチ	牝2	51	木幡育	1.17.6	1¼	15-16-16	内38.4	⑨	46.3	448−6	(南)青木孝
15		❽	⑯	ベアラッキー	牝2	53	木幡初	1.18.4	5	12-14-15	中40.3	⑬	208.6	432−2	(北)杉浦宏
16	▲	❸	⑤	アイファーブリッジ	牝2	54	江田照	1.19.2	5	1-2-3	内43.6	⑤	14.9	412+4	(北)竹内正

単⑮240円　複⑮120円　⑥320円　⑧140円　　ブリンカー＝⑭⑦②
馬連⑥―⑮2920円⑪　　枠連❸―❽960円④
馬単⑮―⑥4780円⑮　３連複⑥⑧⑮3200円⑨
３連単⑮⑥⑧20280円56
ワイド⑥―⑮980円⑬　⑧―⑮270円①　⑥―⑧1090円⑮

点から6点、それで合計が2万か3万ということらしい。馬連1点に5万とか10万を入れるということではないようだったが、「馬連は怖いなあ」と言うと、「じゃあ、ワイドにしましょうか」。おやおや、厳密に決めていたわけではなかったのね。

　というわけで、最初の勝負レースは中山1R。シゲ坊の自信の本命は⑧ニシノオウキ（2番人気）。私の本命である⑭トモジャナイト（4番人気）は彼の対抗でもあったので、このワイド⑧⑭に2万、というのがシゲ坊の最初の提案だったが、このところ不発続きの私としては自分の本命がくるという自信がないので、ワイドは1万にして、あとの1万は3連複にしようと提案。しかもその3連複は、⑧と⑭の2頭軸にするのではなく、⑧から4頭、⑭から4頭で合計12点にする。それを各1000円にすると、ワイド1万、3連複1万2000円で、合計が2万2000円になる。

ワイド1点よりもそのほうがいいような気がする。⑧と⑭が一緒にきたときはワイドが当たるんだし、つまりこの3連複はワイドの保険である。選んだ相手4頭は、④ラブミーサアヤ（7番人気）、⑥キタノオドリコ（6番人気）、⑪ペイシャリルキス（3番人気）、⑮エコロディアマンテ（1番人気）。ただし、⑧⑪⑮は約17倍だったので、これはやめ、そのかわりにシゲ坊の◎○▲である⑥⑧⑭にする。このオッズは114倍だ。ちなみに、3連複12点のうち半分が100倍以上である。いちばんの高配当は470倍、いちばん安いやつは30倍強。ワイド⑧⑭は8～9倍なので、配当の幅は4～55万だ。いいじゃないか。もう万全という気がする。

1レースに2万2000円も入れていたら、ゴール前に絶叫するかなと思っていたら、これが全然叫ばないから自分でも驚いた。⑭は最後にタレてしまったが、⑧はきわどく残ったので、3連複のほうが当たったのに、なぜ叫ばなかったというと、そもそも軸馬が2番人気と4番人気で（4番人気のほうはタレてしまったが）、勝ったのが1番人気なのである。つまり、最終オッズを確認するまでもなく、低配当が予想される。そういう配当では叫べません。私はその昔、『鉄火場の競馬作法』という本を出した人間なので（低配当で叫ぶのはやめようと提唱した書）、もう身についているのである。2着に6番人気の⑥が食い込んだので、3連複は辛うじて3200円。私たちは2万2000円入れているから、ようするにプラス1万。大当たりするかゼロになるか、そのどちらかだろうと思っていたので、なんだか中途半端である。

ところで書くのを忘れていたが、この中山1Rは、共同馬券ではない。共同馬券なら、私とシゲ坊が1万1000円ずつ出し合ったということになるが、私たちはそれぞれの財布から2万2000円を出したのである。2人で相談したのは買い目と金額だけ。誤解されたかもしれないといま気がついたので補足を加えておきたい。

この日の10万円資金勝負はその後どうなったのか、スペースがなくなってきたのでその続きは来週にする。この日の中山10R鋸山特別（3歳以上1000万下のダート1800m戦）で、低配当にもかかわらず私が叫んでしまった事情や、この日、シゲ坊予想が爆発したことなど、書きたいことがたくさんありすぎるのだ。しかもその翌日、中山9R木更津特別（3歳以上1000万下の芝1600m戦）で直面した教訓について、今後の私の競馬人生を占う意味であるいはとても大事なことなのかもしれないという気がするので、改めて考察を加えておきたいのである。

そういえば、この秋競馬初日から中山競馬場でも指定席で変化があったのだが、こちらも書き始めたら長くなるので別の機会にする。夏競馬は結構ヒマであったのに、秋競馬が始まった途端、こんなに忙しくなるとは本人もびっくりである。

低配当の目を買ったわけ

秋競馬初日に実行した「10万円資金勝負」の話の続きである。中山1Rで辛うじて3連複をひっかけたというところまでは報告ずみだ。では、そのあと、どうなったのか。結果を先に書くと、この日のシゲ坊予想はすごかった。たとえば阪神6Rで400倍の馬単を仕留め、阪神11Rでは1200倍弱の馬単までゲットするのだ。それ以外にも中山12Rの3連複173倍も軽く当てているから、すべてのレースでシゲ坊にノッていたら大儲けの一日だった。そのピークが阪神7R。このレースのシゲ坊予想は、◎が②アロマティカス、○が①マグナレガーロ、▲が⑥アサカディスタンスであった。人気は順に、7番人気、1番人気、5番人気である。で、結果は◎→▲→○の順に入線したのである。その馬連が277倍、馬単が843倍、3連複は8450円、3連単は22万である。いつも馬単を買うシゲ坊なら、この馬単843倍は簡単にゲットしていただろう。しかしなぜかこのレースは馬単を買わず、彼がゲットしたのは7番人気②アロマティカスの単勝4540円だけ。

このレースのとき、すでにこの日の勝負を諦めていた私は地下のファストフードプラザをぶらぶらしていたから、レースを見てもいなかった。そうなのである。「10万円資金勝負」は中山1Rしか実行しなかったのである。阪神最終でまたやろうとは決めていたが、その間の勝負レースが決まらず、じゃあ個人馬券でも買ってみよう（シゲ坊とやっているのは共同馬券ではないのだから、こういう言い方はおかしいのだが）と手を出しているうちに負けがかさんで地下をうろつくはめになった。では、「10万円資金勝負」は意味がなかったのかというと、そうでもない。

というのは中山10R鋸山特別だ。3歳以上1000万下のダート1800m戦だが、このレースの返し馬で⑧デザートスネークと⑨スペリオルシチーの動きが素軽かったのである。中山3Rで返し馬の気配が目立った⑥ハービーボンズが11番人気で3着していたから、こういう日は返し馬診断をいつもより信じる傾向にある。で、投票する前に単勝人気だけでも調べようと思ったら、タブレットが通信拒否。競馬場にいるとき、往々にしてこういうことがあるのだが、仕方ねえなあと穴場まで行き、現金で馬券を購入。その段階で、⑦アナザートゥルースがダントツ人気であることは知っていたが、⑧と⑨の具体的な人気は知らなかった。手元の新聞の印から推理すると、4～5番人気を争うくらいかなあという程度の認識である。まず、馬連⑦⑧を2000円、3連複⑦⑧⑨を1点だけ3000円。

最後に⑦⑧のワイドを1万。これが全部当たるのである。しかし、馬連450円、3連複1150円、ワイド250円だ。いつものようにタブレットでオッズ投票していたら、つまりこんな低配当と知っていたらこの3点は絶対に買っていなかった。それを知らずに買ったので、ゴール前はそのままそのままと叫んでしまって、大変に恥ずかしい。

問題は、このときワイドになぜ1万も入れたのか、ということだ。私のワイド作戦は3000円が基本で、まれに4000円とか5000円とか入れることはあるけれど、月に一度あるかどうか。ワイドに1万を入れたことなど一度もない。であるのに、このときは迷わず1万と塗ったのである。これこそ、「10万円資金勝負」の影響にほかならない。この日の1Rで2万2000円入れて、配当が3万2000円。当たったものの、なんだか中途半端で、しかもその後の勝負レースもきまらず、個人馬券（全部、個人馬券だけど）で負け続け、なんだかなあと思っていたころである。体のどこかに「1万とか2万とか、そういう額をがつんと入れたい！」という思いがあったのである。そういう影響があったとしか考えようがない。

その翌日の例もここに並べておこう。日曜中山9R木更津特別（3歳以上1000万下のハンデ戦芝1600m）だ。この日は自宅にいたのだが、ボーッとテレビを見ていたら、⑪サロニカ（5番人気）の気配が群を抜いている。私の5段階評価で上から2番目である。

急いで複勝オッズを調べるとその段階で3倍を超えていた。1万か2万、この複勝に入れようかと思った。ちょっと待てよ、と1番人気⑨フレッチアとのワイドを調べると、こちらは5倍強。同じく1万か2万入れるなら、複勝よりもこっちのワイドのほうがいいか。もしもこれが「10万円資金勝負」の影響が残っている前日の土曜だったら、ワイドに2万突っ込んでいたかもしれない。そうすると⑨フレッチア1着、⑪サロニカは2着同着で、そのワイド500円が当たり、10万円の配当を手にしていた。しかし、低配当の馬券は危険だから（がつんと入れたくなるので）手を出してはいけないというこの10年の教訓が一晩寝たら戻ってきていたので、結局はケン。入れたほうがよかったのかどうか、まだ心は千々に乱れている。

ワイド1万は1日1回だけ

4回中山7日目の5R。2歳の新馬戦（芝2000m戦）だが、ポンと飛び出したのは、2番11番人気の⑫フィデリオグリーン（鞍上は藤田菜七子）。2番手にさっとつけたのは、2番人気の③ウレキサイト（鞍上は北村友）。ダントツ人気の⑦ポルトラーノ（鞍上はルメール）はその直後の3番手だ。そのままの態勢でぐるっとコースを回り、4コーナーを回って直線を向いたところで、③ウレキサイトが逃げた⑫フィデリオグリーンをかわして先頭に立つ。これでルメールが2番手に上がれば、私の馬券は完成だ。怖いのは、ルメールが差しすぎて、北村友を差してしまうこと。私が買ったのは、馬単の③→⑦だから、それではダメなんである。しかし③ウレキサイトの脚いろは衰えず、思ったほど⑦ポルトラーノも伸びてこないので、ほぼ馬単は完成だ。「そのままそのまま！」とモニターに向かって叫んだものの、これでは1番人気と2番人気の馬連（570円）を買ってると思われるのもシャクなので、「ユーイチ、頭だ。そのまま！」と付け加える。同じレースに北村宏が乗っているので、「キタムラ！」では誤解されかねない。北村宏が騎乗している⑥グレイジャックマンはそのとき外から伸びていたので（3着争いに加わろうかという微妙な局面だ）、ここで「キタムラ！」と声をかけると、外から伸びている⑥グレイジャックマンを買っているんだなこいつ。届かねえよ、とかなんとか思われるのもイヤだ。そこで「ユーイチ！」と叫んだのだが、同じレースに福永が乗っていたら、この「ユーイチ！」も使えず、大変困ってしまう。しかしここは福永不在なので、シンプルに「ユーイチ！」がいい。

そのとき私は阪神競馬場Aシートの売り場上のモニターを見上げていたのだが、少し先のモニターを見上げていたオサムのところに駆け寄り、「取ったよ馬単」と声をかけた。すると「3着はどっちですかね」とオサム。えっ、3着なんて全然見てない。どうやらオサムは3連単を買ったらしい。逃げた⑫が3番手に残るところに外から②イサクと⑥グレイジャックマンが差してきて、そのどちらが3着でも3連単がヒットするんだという。しかし⑫は1円も買ってないのでこの馬が3着に残っていればアウト。②イサクが3着なら、3連単は140倍くらいらしい。リプレイを見ると、3着はどうやら⑫だ。ようするにこのレース、先行した3頭が順序を変えてゴールしただけ。私が買ったときには20倍あった馬単は、最終的には1580円。たいした配当ではないが、1点で仕留めたのならいいだろう。いや、違うか。もう1000円買っていた。それが馬連ではなく、なんとワイド。

ようするに私、馬単を買ってはみたものの、自信がまったくないのでせめてワイドで押さえておこうと思ったのである。馬単という強気な馬券を買ったわりには超弱気なのだ。そのワイドが290円。買うかねえこんな馬券。

次の中山6R（3歳以上500万下のダート1800m戦）でも馬単1670円を仕留め（このときも370円のワイドを買っていた）、すっかり馬単好きになってしまった。もっともシゲ坊のように超人気薄から馬単を買い、10万馬券を仕留めるほどの度胸はなく、この中山6Rも3番人気から2番人気に馬単を買っただけだから、あまり自慢にはならない。それよりもご報告しておかなければならないのは、1日に1回だけ、ワイド1万勝負をしても可、というマイルールをつくったこと。その場合のオッズは5倍でも可、ただし午前中にやってはだめ。なるべくなら午後遅い時間、メインか最終、ゆずっても10Rくらいにすること。さらにワイドに1万を投じても1日の購入資金は3万にとどめること——つまりワイド1万の他に使えるのは2万を厳守すること、と決めたのである。

この日のワイド1万の対象レースは、中山10R外房特別（3歳以上1000万下の芝1600m）のときに迷ったけれど、結局は神戸新聞杯。外房特別で迷ったのは、④シャルルマーニュ（5番人気）と⑧ダイアトニック（1番人気）が堅いような気がしたからだ。このときに1万入れておけば、1着3着でワイド570円がヒットしていた。1万入れれば5万7000円。いいじゃないかそれで。しかし見送ってしまったので、この日のワイド1万勝負は神戸新聞杯。③ワグネリアンの相手探しのレースだが、その候補は、⑥メイショウテッコンか⑨アドマイヤアルバ。このどちらかだ。ここまでの推理は良かったが、その先のツメが甘かった。迷った末に後者を選んだのが痛恨。3着は⑥メイショウテッコンで、そのワイド③⑥は710円だ。おお、7万だ。

そうだ忘れないうちに書いておく。必ずしも1万勝負をやらなければならない、ということはなく、ひらめかないときはやらなくても可。そういうときはどんどん見送ろう。そして年内最後のほうで、昨年はやらなかったワイド10万勝負をやる！　その闘志がいま、ふつふつと湧き上がっている。

そのままそのまま！

台風24号で阪神の開催が中止になった日曜日。こういう日は自宅でテレビを見ながら馬券を買うのがいちばんだ。福岡のオサム、この日は船橋の実家にいたアキラ、そして神奈川に近い東京の端にいる私の３人は、狙い目や結果などをＬＩＮＥで報告しながら馬券を買い、とても楽しく一日を過ごした。「あっ、出遅れた」とかなんとか、すぐに書き込むので、まるで３人で一緒に競馬場に行ったみたいな臨場感がある。たとえば中山１Ｒ、２歳未勝利のダート１２００ｍ戦だが、パドック中継で気配がよかったのは、５番人気の⑦シゲルホタルイシ。だからすぐにＬＩＮＥに書き込む。ついでに「１倍台の１番人気は怪しい」と余分なことまで書く。１倍台の１番人気というのは、⑭キタノオドリコのことだ。するとすぐに「７番、乗ります！」とアキラ。「ただし、１番人気も買いますが」と補足してきたから、私の予想に丸乗りでもない。それが正しいんですね。その１倍台の１番人気があっさり勝つんである。そして私が推奨の⑦シゲルホタルイシが３着で、ワイド⑦⑭４２０円をアキラは引っかけたらしく、300円浮き。「当たったのは久しぶりだから嬉しい」とは、なんと健気なこと。ちなみに私が当てたのは7番の複勝だけで取りガミである。こんな感じで、3人でずっと夕方までLINE会議したのである。いやはや、楽しい。

次にヒットしたのは中山5Rの新馬戦（2歳の芝1800m）だ。いつもなら新馬戦は買わないのだが、この日は中山だけの開催なので暇なんである。だから、全レースを買うと朝から宣言。「ぼくもです！」との返事はアキラ。「全レースは買いませんが、いつもより多めに買っています」とはオサム。その5Rは②⑫のワイド710円をゲット。しかし、こいつは怪しいと書いたモレイラ騎乗の⑨エアジーンが1着だから、私の予想は当たっているのか外れているのか、よくわからない。オサムが最初にゲットしたのは中山7R。3歳以上500万下の芝1600m戦だが、⑨⑯の馬連900円をゲット。「たいした配当じゃないんですが」とオサムは謙虚に書き込んできたが、こういうのは後で効いてくるのだ。この日はすぐに効いた。たとえば次の8R。3歳以上1000万下のダート1200m戦だが、「1番人気の⑧ダイワスキャンプの返し馬がよかった」とLINEすると、「えーっ、その1番人気を蹴飛ばしてもう馬券を買っちゃいました」とオサム。大丈夫、私の返し馬診断などアテになりません。その⑧ダイワスキャンプは1番人気ながらも3着に負け、モレイラ騎乗の⑬ヤサシサが2着を死守。6番人気の①オーヴァーライトが1着だったので、

4回中山9日　10R　勝浦特別

着順	予想	枠番	馬番	馬名	性齢	斤量	騎手	タイム	着差	通過順	上り	人気	単勝オッズ	体重増減	厩舎
1	△	❻	⑧	ラフィングマッチ	牡3	53	戸崎圭	1.08.6		1 1 1 内	34.8	④	7.0	480−	2栗北出成
2	△	❼	⑩	セイウンリリシイ	牝3	51	武藤雅	1.08.8	1¼	2 2 2 内	34.8	⑧	17.0	460−	2北水野貴
3		❷	②	スマートシャヒーン	牡4	55	武　豊	1.08.8	首	4 4 4 内	34.7	⑦	15.6	476−	6栗安田隆
4		❸	③	ショウナンマッシブ	牡4	54	吉田隼	1.08.9	首	6 6 5 内	34.5	⑬	137.3	470+	2南田中剛
5	◎	❼	⑪	ビリーバー	牝3	51	大野拓	1.09.0	½	9 9 10 中	**34.4**	③	5.5	462−	2北石毛彦
6		❺	⑥	カッパツハッチ	牝3	51	石川裕	1.09.0	首	5 4 5 中	34.8	⑥	10.2	462+	6南矢野英
7	▲	❽	⑫	ラベンダーヴァレイ	牝5	54	モレイラ	1.09.1	首	6 6 ⑦ 内	34.7	①	3.0	426−	6栗藤原英
8	△	❹	⑤	ジョイフル	牡4	55	川田将	1.09.2	¾	11 11 10 内	**34.4**	②	5.2	508+	4栗吉村圭
9	○	❻	⑨	ワンダフルラッシュ	牝5	52	松岡正	1.09.3	¾	8 8 7 外	34.8	⑤	8.0	454−	4北手塚貴
10		❺	⑦	タガノガジュマル	牡5	54	横山典	1.09.3	首	⑫ 9 12 中	34.7	⑪	96.5	416	0栗本田優
11		❶	①	オフクヒメ	牝5	52	内田博	1.09.3	頭	⑬ 13 9 外	**34.4**	⑩	88.8	460+	4栗松下武
12	◬	❽	⑬	ラッシュアウト	騸4	56	和田竜	1.10.0	4	3 2 3 中	36.0	⑨	35.1	440+	2南栗田徹
13		❹	④	ウィズアットレース	牝6	50	藤田菜	1.10.1	首	10 13 13 中	35.2	⑫	131.2	428+	6北中野栄

単⑧700円　複⑧240円　⑩440円　②510円
馬連⑧―⑩4740円㉑　　枠連❻―❼660円②
馬単⑧―⑩7530円㊲　３連複②⑧⑩24040円㊾
３連単⑧⑩②104240円354
ワイド⑧―⑩1670円㉓　②―⑧1610円㉒　②―⑩3130円㉝

その馬連が3080円。モレイラ絡みにしては結構ついた。「モレイラ、ありがとう！」とオサムから早速、LINEがきたが、競馬場にいたら、大きな声で「モレイラ、ありがとう！」と言っていただろう。

「あっ、降ってきました」とアキラが報告してきたのは9Rが終わってすぐのころ。「ざばざば降ってます」。そうか、そんなに降っているなら、10Rの勝浦特別（芝1200mのハンデ戦）はタイキシャトル産駒の先行馬でいいやと、7番人気の②スマートシャヒーン（鞍上は武豊）と、4番人気の⑧ラフィングマッチ（鞍上は戸崎）のワイドだと宣言すると、「それ、乗ります！」とアキラ。その段階では、そんな絵に描いたような結果になんてならないだろうと思っていた。競馬はそんなに甘くない。1番人気⑫ラベンダーヴァレイ（鞍上モレイラ）、2番人気⑤ジョイフル、3番人気⑪ビリーバーの3頭がどれも差し馬なので、逃げ先行馬を買おうと思っただけで、あまりにシンプルに考えすぎる。「和田の馬も逃げるんじゃないんですか」とオサムが書き込んできたので手元の新聞を見ると、その⑬ラッシュアウトはハンデ頭の馬だ。4走前にこのコースの同条件を逃げ切っている。おいおい、本当かよ。新聞をよく見たら、6番人気の⑥カッパツハッチも前走の1200m戦を逃げ切って、ここに挑んできた馬だ。どうして戸崎の乗る⑧が逃げて、豊の乗る②が番手と決めたんだろう。それはこちらの勝手な願望にすぎない。でも、もう馬券を買っちゃったしなあ。

スタートすると、私の期待通りに⑧がポンと飛び出したが、外からオサムの言う⑬ラッシュアウトが番手につけ、3番手は⑩セイウンリリシイ。豊の乗る②は4番手だ。私の予想とは微妙に展開が違う。しかし4コーナーを回るころには⑬がタレ、残りの3頭がそのまま直線に向かっていく。どうやら⑧は逃げ切り態勢だ。あとは②が3着以内に残れるかだけ。だからテレビに向かって「そのままそのまま!」と叫んだ。あとで聞くと⑩（8番人気で2着だ）が1着ならオサムは単勝がヒットしていたという。②はぎりぎり3着を死守して、ワイド1610円をゲット。たいした配当ではないが、私には大金だ。しみじみと嬉しい。そうか、ここに1万を入れるべきだったのか。

WIN5の秋

毎年、競馬の収支をノートにつけている。配当額、購入額、収支、レース数、的中数の5つを書き込むのだ。今年は的中した重賞名を特別に書き込むことにしたが、そういう細部の変更は幾度かあるものの、その5つの項目はずっと不変である。そのノートが6週前に見当たらなくなってしまった。いくら探しても出てこない。そこで、新たなノートにつけ始めたのだが、2週したらなんとなんとそれも紛失。どうしてこんな短期間に2冊もノートが見当たらなくなるのか、不思議で仕方がない。本や荷物などが山積みになっていて、部屋の様子がひどい状況になっていることは否定できない。どこかにまぎれこんだら、簡単には出てこないのである。しかし、これほどの短期間に収支ノートが2冊もなくなるということは、今年は収支をつけるのはやめろ、ということではないのか。これまでに何度も、収支ノートを途中でやめたことがあるが（だいたい秋口だ）、そういう決心をしたわけでもないのに途中でやめるのは自分史上初。私がやめたいと言ったわけではないことをくどいようだが、書いておく。仕方ないなと運命を甘受するのである。

　今週は、オサムが博多からやってきて、秋の府中の開幕週を3日間楽しむことになった。3日も朝から競馬をやると人間はどうなるか。すごく負けるんである。つらいんである。土日が終わっても、まだ1日あるのかよと思ってしまうのである。とても不思議なのは、そうであるのに日曜の夜、自宅に戻って月曜の検討をしていると、面白いじゃないか競馬、という気持ちがむくむくと湧いてきたことだ。ようするに全然懲りないんである。

　面白かったのは月曜競馬のWIN5だ。しばらくWIN5は休んでいたのだが、最近は1頭指名できるレースがあるときだけやるようになっている。で、月曜競馬を検討していたら、1頭指名のレースが複数あるのでヤル気になった。京都大賞典以外の4レースは全部1番人気で堅いんじゃないか、というのが最初の結論で（その段階では東京10R六社Sは横山典騎乗の⑩ムイトオブリガードが1番人気だと思っていた）。となると、京都大賞典は穴馬を指名しなくてはダメ、という結論になり、穴馬ばかり4頭指名。そうなったら六社Sを1頭に絞ることはあるまいと、1番人気を争っていた戸崎騎乗の⑫ルックトゥワイスを足し、待てよ、それなら⑪コウキチョウサンも⑬グローブシアターも入れたくなってきた。そうしているうちに、一発目の東京9R山中湖特別ももう1頭足し、⑦サンライズノヴァで絶対に頭不動と思ったグリーンチャンネルCもあと2頭増やし、そんなことをしていたら結局は96点に膨れ上がった。で、京都大賞典をサトノダイヤモンドが勝った時点でスカ。その京都大賞典を迎える前に人気馬がどんどん勝ったので点数を増やさなければよかったと後悔していたが、それがこの日いちばんの反省だ。京都大賞典を除く4レースをすべて1番人気の1頭指名にする（東京10R六社Sは⑩ムイトオブリガードが1番人気と思っていたので）という最初の案でも正解だったのである。点数を増やすことはなかったのだ。で、京都大賞典を穴馬4頭だけにしておけば、なんとたったの4点で済んだのである。どっちみち外れだが、捨てる金が9600円と400円では、後者のほうが絶対にいい。いや、もしも4点にしていたら、私の性格を考えると、1点100円ではなくて1000円にしていただろう。しかしそれでも、そのほうが、精神衛生上はいい。無駄なことをしたというのがいちばんつらいのである。

ところで、そのWIN5を当てたのがオサムだ。3頭↓1頭↓3頭↓2頭↓1頭、の指名で合計が18点。それを1点100円で購入だから全部で1800円の出費。それで配当が6050円だから、立派なプラス。しかし配当が出る前からオサムの喜びは小さく、最後のグリーンチャンネルCで出遅れたサンライズノヴァが外からぐんぐん伸びて全馬を差し切ったときも叫ぶことなく、そっと観戦。いつもの「戸崎、ありがとう！」もなし。配当が出ると「史上最安値を取りました」。しかし9600円も損するやつもいるのだ。

1800円で6050円をゲットするのは立派な投資である。終わってから思ったのだが、これ1点で仕留めることができたよなあ、1点なら1000円どころではなく、1万円にすることも可能だったよなあ、と考えるのである。1万入れてたら60万だ。もっとでかい配当を狙っている人には60万などたいした金額ではないのかもしれないが、私には目がくらむほどの大金だ。いやあ、くらくらするなあ。なんだかそれだけで楽しくなってくる。サトノダイヤモンドを1円も買う気がなかったくせに、都合の悪いことは忘れているのである。オサムが乗る電車の時間がくるまで、府中競馬正門前駅横の浅野屋でグラスを傾けながら、菊花賞はどうする、天皇賞はどうすると、秋競馬の展望を語り合ったのだった。

複勝1万勝負＋成功したら転がし

私、馬を見る目が、ホントにない。実は、土曜に午後から東京競馬場に出かけたのだ。その時間に指定席は満席で、一般席も空いている席がない。新聞を置いてあるだけで客が見当たらない席がたくさんあるが、なにもない土曜では係員も見回りにこないので、ずっとそのままで放置。新聞をどけて座ってもいいが、あとで揉めるのもイヤだしなあ。コースに面してない、つまりスタンドの中の椅子でも空いていれば、そこでもいいのだが、そこも空いてない。帰途についてから、そうか、こういうときにシルバーシートに入ればいいのかと気がついたが、メンバーズカードは作ったものの、これまで一度も使ったことがないので忘れてた。年を取ると、立ったままというのは大変につらい。イライラもしてくる。パドック中継を見て、いいなあこの馬、と複勝を買った馬が数頭、どこにもこなかったのは、そういうふうにイライラしていたせいかも、と言いたくなる。

いちばんショックだったのは土曜新潟9R。3歳以上500万下の芝1800m外回り戦だが、穴場の上のモニターを見上げていたら、⑬アウステルリッツが超ぴかぴかのデキ。急いでオッズを見たら、その時点では1番人気（最終的には2番人気）。なあんだ、とそこでやめればいいものを、落ちている金を拾わないのかお前、と誰かが耳元で囁くのだ。その⑬の相手は、2番人気⑨レッドランディーニ（最終的にはこちらが1番人気）でいいような気がするので、⑬を1着、⑨を2着に固定して、3着は総流しの3連単。これは100円だが、⑬→⑨→⑥のオッズが22倍だったので、そんな馬券を100円とってもつまんないと、その目だけ1000円追加。待てよ、ほかにも安い目があるなと総流しの目の中から5頭を選んで、各200円を追加。これで3200円。全然買うつもりのなかったレースだから、それでやめればいいのに、最後の最後に、いくらデキがよくても、それより強い馬がいたら2着になることもあるなと気がついたので、馬連⑨⑬を1000円。その時点でのオッズは4倍（最終的には310円）。これなら悪くても資金が返ってくる、という判断だったが、そんな低オッズの馬連をよく買うよな。まったく信じられない。その⑬アウステルリッツ、掲示板にも載らない6着。ふーん。

翌日の日曜日は、シゲ坊と出撃。「また10万勝負をするの？」と尋ねると、「もちろんです！」との返事。9月の中山に行ったとき、1レースの購入資金を2万に設定して5レース戦おうと決めながら、朝の第1Rだけで終わってしまった「幻の10万円勝負」に、再度チャレンジすると言うのだ。しかしシゲ坊が候補にあげたレースに（そこからいくつか選んでくれ、と言うのだ）、食指の動くものがないので、今回はスルー。そんなに毎回やらなくてもいい。もっと自信のあるときにやりたい。代わりに「複勝1万勝負＋成功したら転がし」をすることになった。しかしこちらも、東京5Rの⑤アメリカンツイスト（4番人気で4着）、新潟8Rの④ダークナイトムーン（9番人気で7着）と、2頭不発で追いつめられ、3レース目にシゲ坊が選んだのが新潟11R、信越Sだ。ここに出走する②トウショウドラフタの複勝に3万、というのがシゲ坊の結論だった。しかし私、東京5Rと新潟8Rはノッたけど、3万はビビルのでスルー。シゲ坊ひとりの挑戦になった。その②トウショウドラフタ、7番人気で5着。シゲ坊、まさかの大敗である。

実は私も最終レースを迎えたときには全治1ヵ月。複勝1万勝負は2回しかやらず、②トウショウドラフタの3万にもノラなかったのに、なぜ全治1ヵ月の重症を負ったかというと、「幻の10万円勝負」の影が大きい。結果はやらなかったんですよ。でも、気分だけは朝から大きくなっているのだ。だから、普段より多めにどかどかんと投下。その負債があっという間に膨れ上がった。もうダメだ。

で、京都12R藤森S（3歳以上1600万下のダート1200m戦）を迎えたときに、考えを改めた。取り戻そうという考えはやめて、とにかくこのレースを当てよう。実は土曜からそこまで1本も当たらずのボウズ。そこで⑫コパノキッキング（1番人気）と、⑦スマートレイチェル（6番人気）を軸にして相手5頭の3連単マルチ（各100円で総額3000円）を買ってみた。すると⑫が1着、⑦が3着。軸馬2頭がきて、2着の⑭ヤマニンアンプリメ（5番人気）も買っていたから今週の初ヒット。その3連単は、1万2000円で、⑦⑫のワイドは810円だったから、3連単など買わずにいつものワイドを買っていれば配当が2万4000円になっていたことになるが、それは言うまい。なにしろ全治1ヵ月であるから、3連単でもワイドでも、その程度の配当をゲットしたところで屁のつっかいにもならないのだ。だから、どっちでもいい。この当たりが来週につながりますように、とただただ、祈るのである。

ホントに惜しい！

いやはや、惜しかった。菊花賞の日のＷＩＮ５である。まず、この日の勝ち馬を列記すると、東京10Ｒ甲斐路Ｓは⑦ドミナートゥス（1番人気）、京都10Ｒ桂川Ｓは⑧エスティタート（3番人気）、新潟11Ｒ北陸Ｓは⑫モズワッショイ（7番人気）、東京11ＲブラジルＣは⑩ラインルーフ（3番人気）、京都11Ｒ菊花賞は⑫フィエールマン（7番人気）で、ＷＩＮ５の配当は３００万。それをわずかの差で取り逃がしたのはオサムである。新潟11Ｒ北陸Ｓ以外はすべて的中したのだが、この新潟11Ｒを1番人気の⑩タガノヴィッターの1頭指名にしたのが痛恨。北陸Ｓが終わるなり、「あ〜あ、菜七子との2頭指名にしようか、最後まで迷ってやめたんですよ」と言っていたが、まさかそのあとの2つが当たるとは本人も思っていなかったようで、その段階ではそれほど嘆いてもいなかった。4つが当たって1つだけ外れ、という場合、その外れたレースが途中のケースでは、ようするにリーチがかかったわけではないから、それほどショックも受けないようだ。

同じく、4つが当たって1つだけ外れ、というケースでも、リーチがかかって最後に外れるとショックも大きく、それが昨年のマイルチャンピオンシップの日。この日オサムは、1番人気→6番人気→2番人気→2番人気と当てて、最後のマイルチャンピオンシップを迎えたのである。そのレースのオサムの指名馬は、1番人気のイスラボニータと、2番人気のエアスピネルの2頭。そしてゴール寸前まで、エアスピネルが先頭だった！　あとで聞いたのだが、テレビに向かって「そのままそのまま！」と叫んだらしい。ところがデムーロ騎乗の⑱ペルシアンナイト（4番人気）が差してきて、最後はハナ差負け。そのときのWIN5の配当は388万。エアスピネルが残った場合の配当はいくらだったのかはわからないが、4番人気が2番人気になっても100万はついたか。オサムがすごいのは全部2頭ずつの指名で、この日の購入点数が32点であったことだ。どうやらその32点が、彼のフォームであるようだ。そのマイルCSの日の京都10R衣笠特別を2頭指名で当てたことをあとで聞き、びっくりしたことをいまでも覚えている。このレースの勝ち馬は、6番人気の①アンドリエッテですよ。そんな人気薄の馬を2頭指名で当てるなんて神業に近い。君は競馬の天才か。この日、最後のマイルCSを1～4番人気の4頭指名にしても合計が64点だったことになる。そうしておくと388万が当たっていたのだ。今回のWIN5がもっとすごいのは、なんと12点しか買っていないことだ。もう信じられない。

東京10R甲斐路Sは⑦ドミナートゥス（1番人気）の1頭指名、京都10R桂川Sは⑧エスティタート（3番人気）と、⑬ワンアフター（2番人気）の2頭指名、新潟11R北陸Sは前記したように1頭指名で、東京11RブラジルCは⑩ラインルーフ（3番人気）と、⑫クラシックメタル（10番人気）の2頭指名、京都11R菊花賞は⑨エタリオウ（2番人気）、⑫フィエールマン（7番人気）、⑭グロンディオーズ（6番人気）の3頭指名。これで合計12点。新潟11R北陸Sで菜七子を追加して2頭指名にしても合計はたったの24点だ。そうしておけば300万をゲットしていた！　いつもは30点買っているのに12点は少ないよね、どうして？　と日曜の帰り、京都駅近くの飲み屋で尋ねると「なんだかずっと外れていると、どうせ当たらないんだから点数を絞ろうって気になるんですよ」とオサム。なるほどね。それにしても鋭いと思うのは、東京11RブラジルCの指名2頭の着順が、1着と2着ということだ。3番人気と10番人気という2頭を指名するというセンスも素晴らしいが（私にとってこの選択は想像を絶している）、それが1〜2着するのだから、もう完璧である。その馬連が8390円。「せめて馬連を買っておけばなあ」と最後に嘆いたが、WIN5と馬券は別と考えているようだ。しかしこれだけ鋭いのなら、大きなところを的中する日も近いのではないか。2017年のマイルCSの日と、2018年の菊花賞の日に、かぎりなく300万に接近したということは、年に一度はそういうチャンスがあるということだ。購入するのがだいたい30点であるならば、1年全部外れても15万。だったら20年に一度300万が当たればチャラになる。いやあ、楽しいなあ。夢が膨らむ話である。

今週はオサムと京都競馬場に出撃したのだが、彼のWIN5に比べると、とりたててドラマは何もなし。また今週も大負けしてそろそろアトがなくなってきたが、オサムのWIN5のような惜しい外れがあったわけではなく、どかんどかんと負けて土俵を割っただけだから書くことが何もない。大丈夫なんだろうかオレ。資金がどんどん目減りして底をつきそうだ。このままいくとあと1年で、競馬そのものからリタイアせざるを得なくなる。なんとかしなくてはと、気ばかり焦るのである。

サマーバードを愛する男

どうして馬券の当たりというのは偏るのか。たとえば天皇賞秋の前日、東京1R（2歳未勝利のダート1400m戦）で、9番人気⑥ワイルドトレイダーの単勝（1万3170円！）と、ワイド①⑥2470円を、アキラがいきなり当てるのである。①ホウオウモントレーはモレイラ騎乗のダントツ人気馬だったから、⑥ワイルドトレイダーに目をつけた段階で、もう取ったも同然。3着は8番人気の⑯セイヴァリアントで、3連複は4万、3連単は65万。この2つは無理でも、馬連7240円は買いさえすれば楽勝でゲットしていただろう。「もう帰っちゃおうかな」とアキラは呟いたが、東京6R（3歳以上500万下のダート2100m戦）の3連複8340円を仕留め、さらに新潟12R飛翔特別（3歳以上500万下の芝直線1000m戦）の単勝3890円まで当てるから、帰んなくてよかったんである。この3つ以外にも細かなやつをちょこちょこ当てているから（たとえば京都6Rの馬連1470円と3連複1560円をダブルでゲットなど）、きっと楽しい1日だっ

4回京都8日　6R　3歳上500万下

着順	予想	枠番	馬番	馬名	性齢	斤量	騎手	タイム	着差	通過順	上り	人気	単勝オッズ	体重増減	厩舎
1	○	❽	⑪	メイショウテムズ	牡4	57	幸　英	1.58.6		5 3 3	内37.0	②	3.4	496−	4棟庄野靖
2	△	❶	①	サマーサプライズ	牡4	57	松若風	1.59.1	3	1 1 1	内38.2	⑤	8.6	490+	6棟宮本博
3	◎	❸	③	ウォーターマーズ	騸4	57	和田竜	1.59.8	4	9 8 7	外37.6	③	3.8	522−	2棟岡田稲
4		❼	⑩	クリノカポネ	騸3	55	古川吉	1.59.8	頭	6 6 5	内38.0	⑨	68.6	448+	2棟谷　潔
5	▲	❽	⑫	マイネルブロッケン	牡4	57	川田将	1.59.8	頭	3 3 3	中38.3	①	3.3	438+	8棟五十嵐忠
6		❻	⑧	エクスパートラン	牡3	55	藤懸貴	2.00.3	3	8 6 5	外38.4	⑦	48.8	456−	2棟小崎憲
7		❹	④	ミトノブラック	牡3	55	松山弘	2.00.4	1/2	2 2 2	中39.2	⑧	56.2	466+	6棟崎山博
8	△	❻	⑦	ジューンアンカー	牡4	57	高田潤	2.00.5	首	6 8 9	外38.2	⑪	125.2	474+	8棟湯窪幸
9	△	❺	⑥	ブルベアラクーン	牡4	57	酒井学	2.00.9	2 1/2	3 5 8	内39.1	⑩	91.0	548+	2棟湯窪幸
10	△	❺	⑤	マイヨヴェール	牡3	55	太宰啓	2.01.9	6	12 12 11	中39.0	⑥	18.9	536+	2棟飯田祐
11	◬	❷	②	サザンブリーズ	牡4	57	福永祐	2.02.2	1 3/4	10 10 10	中39.7	④	6.2	520+	8棟橋口慎
12		❼	⑨	エペルネ	牝3	53	秋山真	2.10.6	大	10 11 12	外47.7	⑫	165.6	466−	4棟松田国

単⑪340円　複⑪130円　①210円　③130円　ブリンカー＝③⑫⑦⑥
馬連①―⑪1470円⑧　枠連❶―❽770円④
馬単⑪―①2520円⑫　３連複①③⑪1560円⑥
３連単⑪①③9260円㉚
ワイド①―⑪500円⑧　③―⑪280円②　①―③490円⑦

たんだろうなと推察する。

ところでこのアキラ、サマーバード産駒をずっと追いかけていて、この日の京都6Rの馬連と3連複をゲットしたのも、サマーバード産駒の①サマーサプライズ（5番人気）が2着に駆けたからだ。しょっちゅう買っているので産駒の特徴もよく掴んでいて、たとえば日曜東京12R三峰山特別（3歳以上1000万下のダート1600m戦）に出てくる⑮フォーカードについて「これは面白いです。2走前に同コースで大敗していますがこのときは内枠でした。今回は、3走前に勝ったときと同じ外枠です」と、土曜の夜に、LINEを送ってきた。そのときは「僕はワイドを買います」と書いていたので、たぶんワイド⑤⑮（1360円）、ワイド⑥⑮（2690円）をダブルで的中したはずだ。1着が⑥スウィングビート（2番人気でルメール）、2着が⑤トワイライトタイム（1

番人気でモレイラ)、そして3着が⑮フォーカード(8番人気)だったから、サマーバード産駒を狙う人には簡単な馬券だった。この⑮フォーカード、隆級馬なのに8番人気に甘んじていたのは、1000万を勝ったあとの2戦を大敗していたからだ。しかし、アキラのようなサマーバード・マニアにはむしろおいしい人気だったとも言えそうだ。前走が何着だろうと、サマーバード・マニアには関係がないのだ。それにしても、サマーバードとは渋い趣味だ。地味なので人気になりにくいのもいい。こういう種牡馬を1頭か2頭持っていると、競馬が楽しくなるような気がする。

今週は天皇賞ウイークに合わせて博多からオサムが上京してきたが、先週も京都で会ったばかりなので、とても東京と博多で離れて暮らしているとは思えない。なんだか毎週会っているような気がする。毎週は会ってねえよ。アキラが馬券をばしばし当てる横で、私とオサムはシーンとしているのだ。当たりは全部アキラに持っていかれ、私たちの分はないんである。この日、久々に競馬場にやってきたトシキもダメだったようで、「負けても楽しいんだよ。なんだか君みたいになっちゃった(笑)」。いやいや、これだけ負けると楽しいなんて言っていられないのだ私。翌日の日曜も大敗したので、もう大変である。改めてこの秋競馬を振り返ってみたが、負けた総金額を見て卒倒しそうになった。もうダメだもうだめだと言いながら、それでも改めなかったのはどこかで一発逆転を信じていたからである。しかし一発逆転を夢見ていると、負けがどんどん膨れ上がる。もうそれに耐えられない。本当にヤバイ。厳しい現実を直視して決心した。今年の競馬は、天皇賞秋を最後に終わりとしたい。まだ年内の競馬は2ヵ月も残っているが、もういいのだ。その2ヵ月間、もちろん競馬は続けるが、勝とうなんて微塵も考えないで過ごすことを宣言する。競馬を長く楽しむために、いま一歩退くことが大切なのだ。

府中の大國魂神社の横に、モナムールというレストランがある。1階はケーキショップと喫茶コーナーになっていて、そこで昔はよくコーヒーを飲んだものだ。土曜日にその前を通りかかると花が飾ってあった。なんだなんだと近づいてみると、創業150周年、とあった。明治元年に和菓子屋清風堂として創業してから150年だというのである。すごいな150年。長く続けるのはけっして楽ではない。その間、さまざまな困難があったに違いないが、モナムール清風堂は知恵と工夫で乗り越えてきたのだと推察する。競馬を長く続けていくのも同じことで、努力しなければ続かない。いま私には、その知恵と工夫、忍耐と我慢、そして地味な努力が必要だ。ハイセイコーのときに競馬を始めて45年。いま大きな曲がり角にきている。来年以降もまた競馬を楽しむことができるかどうか、この2ヵ月間の忍耐にすべてがかかっている。

全部的中したのにトリガミだ！

今週から人生をやり直すことにした。とにかくこの秋の成績は絶不調で、競馬をやるたびに全治1ヵ月の重症なのである。毎週PAT口座に入金してきたのである。淋しく、暗い秋であった。いつかは爆発するだろうとずっと我慢してきたが、もうタマが続かない。完全に降参だ。競馬を長く続けるためには、時には潔く身を引くことが大切だ。しみじみとそう考えた。では、具体的にはどうするか。いろいろ考えたが、「馬券代制限計画」を始めることにした。最初は、単複だけにしようとか、購入レースの制限をつけようとか、1レースで100円5点にするとか、いろいろ考えたのだが、重要なのはこれ以上に負債を重ねないことだ。それには馬券代の総額を制限するのがいちばんである。そこで、土日で1万、それを馬券代の総額とする――これを結論にした。馬券の種類は何を買ってもいい。何レース買ってもいい。とにかく、土日の総額が1万を超えないこと。その鉄則を守り切れば、全部負けても月に4万。半分回収すれば、マイナスは月に2万。それくらいなら、なんとか耐えられる。少なくとも年内の2ヵ月間はそれでいく。そんなのつまんないと言ってはいけない。つらいリハビリ期間は、長く競馬をやるためのもので、その未来を夢見ていまを耐え忍ぼう。

ところが間の悪いことに、その「馬券代制限計画」を始めようという週に、アキラをはじめとして彼の会社の人たちと一緒に東京競馬場に行く約束が入っていた。競馬場に朝から行って、馬券代を制限するなんてことができるだろうか。返し馬で超人気薄の馬を見つけて、万が一があるもんなと複勝を1000円買ったりするのが私のひそかな楽しみなのだが、もうそんなことはできないのだ。そんなことをやっているとあっという間に5～6000円使ってしまうから、絶対に禁止。そこで前日に綿密に検討した。選んだのが5レース。これなら各レース2000円使って、ちょうど1万。土日で1万という制限計画なのに、土曜だけで1万使ってしまっては日曜の資金がなくなってしまうが、よおし、日曜はケンしよう。この土曜だけで1万勝負だ。そこまで決めて、5回東京の初日に東京競馬場に出撃したが、競馬はいつも思いがけないことが起きるのである。

というのは、前日検討の段階では全然買う気のなかった京都3R（2歳未勝利の芝1600m戦）を暇なもんだから、検討していたら⑨シゲルピンクダイヤと⑯ミッキーバディーラでどう考えても堅いと思えてきた。2番人気と1番人気であるから馬連は4倍強。

そんなのはつまらないと思って買う気がなかったのだが、この2頭を軸にした3連複を買えばいいのではないかと突然考えたのである。で、この日から短期免許で日本にきたクリスチャン・デムーロが、ロードカナロア産駒の⑤シトラスノート（8番人気）に乗っているることに気がついた。5着7着と2戦して休み明けの3戦目の馬だ。クリスなら何とかしてくれるのではないか。オッズを見ると、3連複の⑤⑨⑯は29倍。本当は前日検討して選んだレースまで待たなければいけないのだが、朝からずっと指定席に座って馬券も買わずにレースを見ていると、なんだかむずむずしてくるのだ。で、こっそりその3連複馬券を1000円購入。すると、⑨が圧勝して⑯が2着、問題の3着争いはインの⑤が残ったように見えたので胸キュン。リプレイされると本当に⑤シトラスノートが3着！　3連複は2920円。いつもならどおってことのない配当だが、制限計画発令中の私にとっては大金である。

しかしこんなのはたまたまだから浮かれずにひたすら頭を下げていると、この日のアキラがすごかった。東京5R馬連1960円、ワイド840円をそれぞれ1点（！）で仕留めたのをはじめ、当たりまくったのだ。きわめつきが京都6R。馬連3万410円と、ワイド8850円をそれぞれ3点でゲットしたからすごい。さらに東京8Rの馬連5980円とワイド1460円など、もう次々に当たるのである。こんな人が隣にいるんだから、

5回東京初日　12R　3歳上1000万下

着順	予想	枠番	馬番	馬名	性齢	斤量	騎手	タイム	着差	通過順	上り	人気	単勝オッズ	体重	増減	厩舎
1	▲	❽	⑬	タガノボンバー	騸3	55	Mデムー	2.11.3		12 11 8	外37.4	①	2.5	470	+8	𫝊河内洋
2	◎	❻	⑩	サノサマー	牡4	57	内田博	2.11.5	1½	⑭ 6 5	外37.8	③	6.3	472	+2	南中舘英
3	○	❽	⑭	ダノンフォワード	牡3	55	戸崎圭	2.11.7	¾	2 3 3	中38.2	②	3.6	452	+10	𫝊藤原英
4		❼	⑪	レッドゼノン	牡4	57	横山典	2.11.7	首	9 6 5	中37.9	⑨	41.8	464	+14	𫝊昆　貢
5		❸	④	マイネルカイノン	牡3	55	柴田大	2.12.3	3½	7 11 13	内38.2	⑥	31.2	494	-2	𫝊宮　徹
6	△	❺	⑧	リゾネーター	騸4	57	松山弘	2.12.3	首	4 4 3	内38.8	④	6.4	538	-2	南牧　光
7		❶	①	アッキー	牝5	52	野中悠	2.12.5	1½	12 14 ⑬	外38.4	⑫	175.8	464	+10	北高橋文
8	△	❼	⑫	インザバブル	牡5	57	大野拓	2.12.6	首	10 11 ⑬	外38.5	⑧	39.1	490	-4	北新開幸
9	△	❺	⑦	オメガドラクロワ	牡4	57	福永祐	2.12.6	鼻	7 6 8	外38.7	⑤	9.1	454	0	北堀　宣
10		❷	②	カバトット	牡5	56	武藤雅	2.13.8	7	1 1 1	内40.6	⑭	226.0	488	0	𫝊森　秀
11		❹	⑤	スワーヴカイザー	騸7	57	三浦皇	2.14.2	2½	4 4 5	中40.5	⑬	217.7	536	-6	𫝊庄野靖
12		❹	⑥	クリノライメイ	牡4	57	蛯名正	2.14.8	3½	2 2 2	中41.5	⑪	57.9	508	-4	𫝊荒川義
13		❻	⑨	ホリデーモード	牡3	55	オドノヒ	2.17.8	大	4 6 13	中43.6	⑦	37.5	492	-12	南矢野英
	▲	❸	③	サラセニア	牡5	57	北村宏	（落馬）		10 10	—	⑩	54.4	474	-4	南小西一

単⑬250円　複⑬130円　⑩150円　⑭150円　　ブリンカー＝⑭⑪⑧
馬連⑩—⑬710円②　　枠連❻—❽430円②
馬単⑬—⑩1150円③　　３連複⑩⑬⑭1020円①
３連単⑬⑩⑭4290円②
ワイド⑩—⑬260円②　⑬—⑭250円①　⑩—⑭450円⑤

ノラない手はない。そこで東京９Ｒは私の購入レースだったのだがその予想を変更してアキラに丸乗り。自分の予想など当たらないのだから、絶対にそうするべきだろう。案の定馬連８８０円の的中。これはまあ、たいした配当ではなかったが、福島12R二本松特別のワイド①⑭２３７０円はおいしかった。アキラの予想を聞くまで⑭マツリダウメキチ（９番人気）なんてまったく買う気のなかった馬だから、アキラ様様である。面白かったのは東京12R。馬連ワイド３連複を全部的中したアキラがトリガミだったこと。私は相手を絞ったので辛うじてプラスだったが、アキラは人気薄まで拾って手広く構えちゃったのである。馬連ワイド３連複を全部的中してトリガミなど、聞いたことがない。本人も苦笑いしていたが、それでもとても楽しい１日であった。

配当は時の運だ

「馬券代制限計画」を開始した先週は、午前中に29倍の3連複をゲットし、午後はその日大当たりのアキラに乗って数本取ったので、終わってみると百万年ぶりのプラス。その金額は恥ずかしくなるほどの少額だから、人には言えないのだが、しかしプラスであることに変わりはなく、ホントに嬉しかった。しかしそれはいくつかの偶然が重なっただけで、あんなことが毎週あるわけがない。だから今週こそが、「馬券代制限計画」の真の始まりだろう。そう思っていたが、今週はトシキやその教え子たちと一緒に東京競馬場に行く約束が以前から入っていた。また朝から行くのかよ、先週みたいに午前中から1本でもヒットすればいいが、あんなのは僥倖《ぎょうこう》にすぎない。イヤだなあ朝から負けるとつらいから、できれば午前中は馬券を買いたくない、買うのは午後からにしたい、しかしじっと我慢できるかなあ——と思っていたが、東京1Rがヒントを与えてくれたので、今週はその話から始めたい。

トシキがいきなりこのレースの馬券を取ったのである。その馬券を見ると、1番人気の②グラナタスを軸に、⑦ヤマチョウボイス（3番人気）、⑧ラインコマンダー（4番人気）、⑩ヌチグスイ（11番人気）、⑪マメシボリ（7番人気）、⑮ピュアヒカリ（2番人気）の5頭に流す3連複と（これは各100円）、同じ5頭に流す馬連（こちらは各200円）を買っている。1着は1番人気の②グラナタスで、2着が⑦と⑧の同着だったので、300円と490円の馬連、さらに②⑦⑧の3連複2110円が的中だった。2000円の購入で配当が4290円。これを見て、自分の馬券を反省した。私は返し馬の様子が素軽かった⑪マメシボリ（7番人気）の複と、1番人気②グラナタスとのワイドを買ったのだが、これはそういう人気薄の馬がきてくれればいいなという願望馬券であり、それ以上でもそれ以下でもない。案の定、⑪マメシボリは8着。私はいつもこういう馬券を買っているのではないか。そんな気がしてきた。

そこで次の東京2R（2歳未勝利の牝馬限定ダート1600m戦）は、上位人気馬でいちばん堅そうな2番人気④アドアステラを軸に、①タイトロープウィン（5番人気）、③ミツカネラクリス（4番人気）、⑤エレンボーゲン（1番人気）、⑩インバウンド（6番人気）、⑪ペイシャコリンナ（3番人気）の5頭に3連複を各100円、馬連を各200円買ってみた。これで合計2000円だが、⑩→④→①と入って、馬連1370円、3連複は

1940円と、ダブル的中。2000円の購入で配当合計が4680円である。たいした儲けではないが、当たると嬉しい。それにしてもトシキはホントによく当てる。このおやじは全レースの馬券を購入するのだが、そのうち半分が当たりだからすごい。当たってトリガミはしょっちゅうだが、高配当も時には仕留めるから素晴らしい。それがこの日の福島9R。3歳以上500万下のダート1150m戦だが、ここは6頭ボックスで攻めてきた。④スマートアイビス（5番人気）、⑥ホープフルスター（4番人気）、⑨タイセイマルス（3番人気）、⑫ナムラストロベリー（6番人気）、⑭マッジョネラ（9番人気）、⑯コンテンポラリー（8番人気）の6頭だ。このレースの1番人気の単オッズが4倍という混戦レースだったが、こういうレースでは1～3番人気をまとめて切っていることに注意。トシキの馬券の買い方は、東京1Rのように軸馬から5頭へ流すか、この福島9Rのように5～6頭のボックス。そのどちらかで、馬券の種類は必ず馬連と3連複。単位は100円。そのフォームに徹している。だからこの福島9Rは馬連15点、3連複20点で、購入金額は全部で3500円。すると1着⑭、2着⑥、3着⑫で、馬連9080円と3連複3万6400円がヒットするのである。堅いところを買ったり、穴を狙ったり、まったく縦横無尽である。

こういう男が横にいるとどうなるか。レースを絞らなければならないのに、ついつい馬券を買いたくなるのは人情というものだ。横で毎回、「差せ差せ差せ差せ」「そのままそのまま」

と楽しそうに叫ぶんである。それを聞きながら我慢できるほど、私は大きい人間ではない。それでも、トシキの影響でよかったなと思うのは、単位を上げないこと。トシキ同様に、私も馬連は１００円単位にするのである。いつもなら安い配当はカットするのに、それもすべて１００円で購入。これもトシキのおかげ。人気薄がくるかどうかは時の運。そういう心境になる。安い配当をいくつか取って迎えた東京最終で、９２４０円の３連複を仕留めたのでこの日の負けをすべて取り戻してチャラという結果も楽しかった。しかし東京最終を仕留めなければ「馬券代制限計画」を無視する結果になっていたわけで、これは反省しなければならない。今週もまた僥倖なのだ。そんなに僥倖は続かないぞ、と自分に言い聞かすのである。

馬券代制限計画の崩壊

サンスポの競馬欄で「越智健一の1000円しか買えない」というコラムを見た。マイルCSの日の紙面には載っていなかったので毎週の常設コラムではないようだが、いまの私の気分にぴったりと合う。ただいまの私は「土日で1万円しか買えない」と決めたばかりで、まだ「1000円しか買えない」という域には達していないが、いずれはその境地に立ちたい。最終目標は以前から機会あるたびに書いている「100円馬券師」だ。1レース100円。しかもその100円で馬連を買う。狙うのは10倍台の後半。それを1点で買う。しびれるよねこれ。狙いたい馬連があってもそのオッズが5倍とか6倍ならケン。そして1週に1レースだけ、ここぞというときに100円爆弾を投下するのだ。もしも16倍の馬連がヒットすれば、4ヵ月分の浮きになる。ずっと以前、どなたかのエッセイで読んだのだが、その方は府中のパドックに朝から立ち尽くして、ここぞというときに馬連を3点買う。100円の3点買いだ。当たっても外れてもその日の勝負はおしまい。週に一度だけの勝負である。それで1700円くらいの馬連を仕留めるから素晴らしい。この場合は1レース100円でなく、レートが100円ということになるが、私の究極の理想はその方の上を行って、週に一度、100円の馬連1点買い。それができるようになれば私も本物だが、なかなかその境地には立てず、まだまだ道半ばだ。つまり、「土日で1万円しか買えない」は、その究極の理想に向かう一里塚なのである。

「馬券代制限計画」を始めて今週で3週目。これまでの2週は競馬場に出かけたわりには頑張ったものの、そんな甘いことがいつまでも続くわけがない。いつか反動がきたらイヤだなあと不安の3週目は自宅でPAT。これなら反動をおそれることもないだろう。これまでの2週に比べれば全然大丈夫――と思ったらとんでもない。油断していたら落とし穴が待っていた。土曜は新潟メインで複勝1000円買うだけにとどめ（もちろん外れ）、勝負は日曜。その日曜も午前中はテレビの前でずっとおとなしくしていたのである。この日はマイルCSに全額入れるつもりだったので、WIN5を少額買う他はひたすらおとなしくしようと思っていた。午前は無事に過ぎ、午後もひたすら静観していたら、いつの間にか、うとうとしてしまって、はっと目が覚めたら、超ぴかぴかの馬がテレビに映っていた。なに、どこの何レース？　この馬は何？　そのときテレビの画面に映っていたのは京都7R（3歳以上500万下の芝1600m戦）のパドックで、その馬は⑮ナンヨープランタンという馬であった。急いで調べると、7番人気の馬だ。ルーラーシップ産駒の3歳馬で、鞍上は武豊。その時点での単勝は15倍（最終的には21倍）。ただいまは馬券代を制限中なのだが、こんなに超ぴかぴかの馬をお前は買わないのか。儲けようとか、そういうことではないのだ。目の前に超ぴかぴかの馬がいるのだ。それを買うのが競馬ってものではないのか。耳元で誰かがしつこく囁くのである。

で、その囁きにつられて、まず単複を各1000円、④グリエルマ（5番人気）、⑦トゥザフロンティア（1番人気）、⑭オメガラヴィサン（2番人気）というロードカナロア産駒（前日の京都ではきまくっていたので）3頭への馬連とワイド、さらには3連複も追加して合計で7100円を投下。1万円しか予算がないやつがここで7000円を使ってどうするのか。前の日に1000円使っているので、この時点でもう残りが2000円しかない。1万円の枠を守ろうとすると、WIN5もマイルCSも買えなくなってしまう。バカじゃないのこいつ——という気もしたが、もう止められないのである。その⑮ナンヨープランタンが6着に負けたことはまだいい。いちばんいけないのは、東京8R（3歳以上1000万下のダート1400m戦）で同じ失敗を繰り返したことだ。このパドックで⑨リパーカッションが超ぴかぴか（に見えた）。失敗したばかりなのだから、やめればいいのに、またまたどかんどかんと今度は総額1万の投下。予算制が完全にどこかに飛んでしまっている。その⑨リパーカッションは7着。ふーん。

それでもＷＩＮ5が当たっていれば、すべてを許すことができた。東京10Ｒが③アルクトス、京都10Ｒが①テーオービクトリー、福島11Ｒが⑭ヒラボクラターシュ、東京11Ｒが④サトノファンタシーと、久々にリーチがかかったのである。1番人気→2番人気→1番人気→7番人気というのがそこまでの勝ち馬の人気だったので、まあ安い配当だろうが、私、10万円でもいいのだ。最後のマイルＣＳは②ペルシアンナイトの1頭指名で、その馬がインを差してきた。前にいるのが①ステルヴィオ。ビュイック、やめなさい。君はやめなさい。デムーロデムーロとテレビに向かって叫び続けた。

アキラ、ただいま絶好調

金曜の夕方に、突然パソコンが故障した。メールの送受信ができなくなったのである。土日の間に直さないと翌週の仕事に影響する。パソコンのことをすべて教えてくれる知人に、すぐに連絡を入れて、電話でやりとりしながら復旧作業をしたが、なにしろ私、パソコンに無知なので用語すらわからないのだ。だからそのたびに「それ、どういう意味?」と聞いたりするから、復旧作業は遅々として進まない。結局、金曜中の復旧は無理で、土曜も早朝から作業続行。ようやく仮復旧して急いで電車に乗り、東京競馬場に到着したのが昼前だった。その間、急いでいたので携帯のメールも見なかったが、「どうしたんですか」とアキラからメールが入っていた。約束の時間に現れないのだから、それは心配するだろう。オサムの競馬場到着はその直後。今週は、土曜は3人、日曜はオサムと2人、という予定だったのだが、いきなり出遅れてしまったわけである。

それにしても、パソコンが使えないと、ホントに大変だ。もしも復旧に1週間くらいかかったらどうしよう、と考えるだけで、なんだかため息をつきたくなってくる。その場合はこうしようとかああしようとか、あれこれ事態の解決策を考えていたら、競馬の検討などできません。それどころではないのだ。結局、何の検討もしないまま競馬場に到着。私の競馬新聞は真っ白だ。これでは何を買っていいものやら、まったくわからない。とりあえず第7Rから買うことにして、急いでレース検討を始めたが、この日もアキラは絶好調。私が競馬場に到着する前に、東京1Rのワイド②⑨1660円、京都2Rのワイド⑤⑭1万5090円を取ったらしいのだが、ワイドで150倍とはすごい。「いや、その2頭、ワンツーなんですよ。馬連を買えばよかったなあ」と言うので調べてみると、京都2Rのその馬連は7万7800円だった。まあたしかに馬連のほうがおいしいけど、150倍のワイドを取ったんだからいいじゃないの。

しかしこの日のアキラの快進撃はまだ終わりではなかった。東京10R銀嶺S（3歳以上1600万下のダート1400mハンデ戦）が終わると、「この馬連とワイド、取りました」と事もなげに言うから、たいした配当ではないのかと思った。で、新聞を見たら、1着の②エレクトロポップは△が上から下まで並んでいる程度で、あとで調べたら5番人気。問題は2着のほうで、その①メリートーンのところには△が一つ付いているだけ。12番人気の馬であった。よくこんな馬を買えるよな。馬連①②は1万2300円、ワイド3210

円である。どうしてこの馬券を取ることができたのか、その秘密をアキラに聞くと、意外な馬券作戦が飛び出してきた。軸馬が内か外のときのみ、両隣は必ず押さえるんだそうだ。そういえば少し前に、アキラは馬連3万馬券を取ったことがあったが、あのときも隣目だった。②③ではなかったか。そうか、あのときも軸馬の隣の馬を買っただけだったのか。

こんなに絶好調の人に乗らない手はないと、京都最終レースの予想を聞いてみた。すると⑬エアアルマス（1番人気）と、⑭エントシャイデン（4番人気）の馬連と、その2頭を軸にした3連複だと言う。

「3連複の相手も教えて、丸ごと乗るから」

アキラが選んだヒモは、内から順に、②サウンドバーニング（9番人気）、③テイエムチェロキー（8番人気）、④メイショウグロッケ（7番人気）、⑤アバルラータ（3番人気）、⑦メイショウオーバス（6番人気）、⑩エルビッシュ（5番人気）、⑫トゥザクラウン（2番人気）という7頭だ。

その3連複7点を各300円で2100円、馬連⑬⑭を900円買うと、合計3000円。この日はパソコンの故障出遅れで、そんなに買っていないこともあり、さして負けていない。具体的に言えば、そこまで使った金額は2万。ボウズだったので、それが丸々マイナス。最終で3000円を使って、これで1日のマイナスが2万3000円になったわけだが、このうち半分でも戻ってくればいいや、というくらいの気持ちだった。これがヒットしたのである。問題は、この日は事情があってその最終レースの前に競馬場を出なければならなかったこと。東府中に向かう途中でレースは始まったのだが、駅に着いてからゆっくり見ようぜと、駅のホームで見ることにした。携帯の画面を3人で覗くからやや見づらく、私はよくわからなかったが、「差せ差せ」「そのままそのまま」とアキラが言うので（ホームでの観戦だからそんなに大声は出せない）、どうやらいいみたいだ。本当に当たったの？　軸の2頭が1~2着して、とりあえず馬連は当たったが、3着は⑦だったので、3連複も当たり。馬連は1210円、3連複は4210円だ。計算してみると配当総額は2万3520円。なんと、520円のプラス。おお、アキラ君、ありがとう。なんだか、せこい競馬だが、当分はこれでいく！

逃げ馬を買え

今週の土曜はアキラと早朝から中山競馬場に出撃したのだが、はっと気がつくと青山一丁目のビアホールにいた。ようするに、記憶に残るようなドラマが何もなかったのだ。差せ差せと叫ぶこともなく、あ〜あ、もう少しだったのにと嘆くこともなく、ただ淡々とレースが進み、少しずつ金が減り、はっと気がつくとビアホールで向かい合っていた。そうだオサムはどうしただろう、と思い出したのでメールすると、今日は全レース買って21レース当たりましたとすぐに返信。何？ 21レース当たっただと！ なんだそれは！ しかし、そんなに興奮することはなかった。21レース当たってもトリガミだというのだ。えっ、どういう買い方をしたの？

血統騎手枠など、さまざまなデータの中から複勝率が高い順に並べて3頭を選び、その3頭のワイドボックス、さらにその3頭に順位づけをして3連単を1点だけ。つまり4点が基本。ただし、複勝率のデータで4頭が並んだときは4頭ボックスにしたり、3連単も点数を増やしたりする。レートは1点100円なので、1レースあたり約500円。36レース買うから総予算は2万弱。ワイドが3つ当たったレースが6レースもあったというが、その大半が低配当なので、21レース当たってもトリガミだったたというのが土曜の報告であった。ちなみに、3連単が当たったのは阪神1Rの830円だけ。なるほど、ずいぶん思い切った作戦をするものだ。しかしいくら低配当とはいっても、36レース中21レースも当てるとはただごとではない。

そこで私はオサムの逆を行くことにした。徹底してレースを絞り、1日1鞍だけにすること！　そこに1日の総予算である1万円爆弾を投下する。そういう作戦はどうかとひらめいた。狙うレースは決まっている。実は土曜中京のダート1800m戦に顕著な特徴があったのである。土曜の1R、3R、5R、8Rと、土曜はダート1800m戦が4鞍あったが、そのうち3鞍が逃げ切りだったのである。その勝ち馬の人気は、6番人気、4番人気、2番人気だ。1番人気ではないということに注意。さらに、残りの1鞍の勝ち馬(3番人気)は先行差し切りだ。つまり、今週の中京ダート戦は圧倒的に前に行った組が有利だということだろう。日曜のメインはチャンピオンズCで、これもダート1800m戦だが、このGIで逃げ馬を狙うわけではない。土曜の傾向はあくまでも下級条件に特有のものであるから、日曜に狙うのも500万までに限定したほうがいい。

というわけで狙ったのが日曜中京の7R。日曜は2Rにもダート1800m戦が組まれているが、こちらの逃げ馬は1番人気が必至、さらに相手も上位人気の先行馬で堅そうだからこれではおいしくない。7Rの逃げ馬は⑪ソールライトだろうが、最終的には5番人気。ちょうど狙いごろと言っていい。公営で3戦負け知らずの成績を残して再転入してきた馬だが、前走は芝レースを使って8着。着順は悪いが、その差はコンマ4秒である。その1戦を叩いて今回はダート戦に出てきたのだ。ゼンノロブロイ産駒だから、ダート替わりはいいはずだ。「先手を奪ってマイペースで運びたい」という調教師のコメントが新聞に載っている。おお、いいぞいいぞ。つまり、ここで買わなかったらいつ買うの、と言いたいほどの馬なのである。相手は1番人気の①エンパイアミライ（鞍上はモレイラ）でいいような気がするので、とりあえず馬連①⑪が本線だ。その2頭軸の3連複も買う。相手は7頭。これだけ拾えば万全だろう。それだけでいいような気もするが、それだけではつまらないと誰かが言うので、①と⑪を1～2着に置いた3連単フォーメーションを追加。こちらも3着は3連複のヒモと同じ7頭だ。もしも⑪が逃げ切れば2着が1番人気でも3連単の配当はおいしいだろう。1着がいちばんおいしく、2着でも馬連と3連単が当たり、3着の場合は3連複がヒット。逃げさえすれば3着以内は堅いのだから、これでもう万全だ。馬連は2000円。3連複は各500円、3連単は各300円。これで合計が

9700円。いやあ、⑪ソールライトが逃げ切ったらいくらになるんだろう。

問題は、逃げ宣言をしていても実際のレースで逃げられない場合があることだ。たとえば出遅れかなんかして。だから息をのむようにスタートを見守った。この日は自宅でPATなので、テレビを食い入るように見た。すると、出遅れすることもなく、邪魔する馬もなく、⑪ソールライトは素早く先頭に立った。向こう正面から3コーナーにかけて、まくってくる馬が時々いたりするが、今回はそういうこともなく、悠々と先頭で4コーナーを回るから胸キュン。モレイラ騎乗の①エンパイアミライもきちんと先行しているから、直線を向けば伸びてくるだろう。その猛追をしのいで1着で入線できるかどうか、焦点はそれだけだ。さあ、隼人（ソールライトの鞍上だ）、そこからもうひと伸びだ！　楽しいな競馬。

1レース1000円で3連複

先週の話の続きだが、日曜の中京7Rで、逃げ馬の⑪ソールライトから馬券をばしばし買ったのである。その5番人気の逃げ馬が快調に逃げたのである。その前日の土曜は中京ダート1800mで、逃げ馬がことごとく連対していたから、このかたちになればもう取ったも同然。あとは人気薄を連れてきてくれるかどうかだけ。で、息をのむように見守っていると、ゴール200m手前で突然脚いろが鈍るのである。おいおい、嘘だろ。土曜はこのかたちになれば、逃げ馬3頭はそのまま1着なのだ。しかもこの日曜7Rで私は、馬連の他にも念のために3連複まで買っている。万が一、3着でも馬券は当たるように万全の構えなのである。それなのに、私の逃げ馬はあっという間に馬群に沈んでいくのである。そんなバカな。

最大の誤算はそのあとだった。その日は中京7Rだけを買うつもりで、このレースに1万を投下したのだが、それがコケたら人間はどうなるか。それでこの日の競馬は終了、というふうにはならないのだ。そのまま終了ではなんだか納得できないのである。実は私、この7Rは当たると思っていた。土曜の結果を見るかぎり、外れようがないのだ。ただし、人気馬を連れてきたら配当は安いこともありうるから、さして儲からないことは十分にありうるだろうと考えていた。そうしたら、その配当で少しはその後も遊んでもいい、というつもりであった。まさか丸外れという結果は想定外。で、このヤロとその後も馬券を買ってしまって深く後悔したことは言うまでもない。1日1鞍を守りなさいって。

今週は久々に中京競馬場に出撃なので、まさか競馬場に行って「1日1鞍主義」は無理。レートを下げて遊ぶことにした。しかし中京ダート1800mが目の前にあるというのに黙って見ているわけにもいかない。土曜6Rの②ゲイルバローズと、日曜6Rの⑩ナイトジュレップの逃げ馬2頭はやっぱり買ってしまった。しかし、前者は7番人気で13着、後者は4番人気で11着（ビリだ！）と、不発の連続。これでようやく目が覚めた。もう買いません。日曜に馬券がヒットしたのはオサムのほうであった。阪神の2Rが終わるなり、この3連複、取りました、と言うので配当を見ると、9710円。ちょっと待ってくれ、君は「3頭ワイド作戦」じゃなかったのか。その前日の土曜は、いつものように全レース、「3頭ワイド作戦」だったのだが、数多く当たるものの、全然儲からないのでつまらないと3連複作戦に切り換えたというのだ。そのときは、ふーんと思うだけだったが、中京4

Rの3連複1万8240円を取ったと聞いて、もっと詳しく聞きたくなった。どういうふうに買ったの？

JRA-VANに「レース分析」という項がありますね。そこをタップして、騎手、血統、枠などをチェックして総合の順位を決めるのである。土曜まではその上位3頭のワイドボックスを全レース購入という方式だったが、今週の日曜から、その上位4頭を選びだし、3連複ボックス購入に切り換えたというのだ。アキラはJRA-VANのDM指数を重要視して馬券を買っているが（彼の場合は、DM指数の上位馬が競馬エイトの調教おすすめ3頭に選ばれているとか他の要素と重なったときに軸馬に選択している。DM指数の上位馬をそのまま買っているわけではない）、みなさん、使い方が上手だ。私は「パドック動画」を見るときにしかJRA-VANを使っていないが、いろいろな使い方があるものだと感心する。

オサムはその後も、中京9Rの3連複3770円、阪神11Rの3連複1310円とヒット。阪神2Rの9710円と、中京4Rの1万8240円と合計で4本ヒットとは素晴らしい。これだけ結果を残したのなら、たぶんこの3連複ボックス作戦をオサムは当分の間、続けていくだろう。これに比べて私の場合、これという馬券作戦がただいまない。一時期は、「ワイド10倍3000円作戦」こそが究極の馬券作戦ではないかと考えていたが、あまりに当たらないので心が折れてしまった。それに外れが続くと、この３０００円の積み重ねが重く響いてくる。だから、この「ワイド10倍３０００円作戦」に代わるものを一日も早く見つけたいのだが、なかなかないのだ。オサムもアキラも、改良に改良を重ねていまの馬券作戦にたどりついている。そういうものを私も早く身につけたい。

いま考えているのは、３連複だ。軸馬から相手３頭への３連複。この３点を１０００円で買う。１０００円３点の合計３０００円ではない。総額が１０００円ぽっきり。本線の目が６００円、押さえ2点が各２００円。これで合計が１０００円だ。究極の理想は「１００円馬券師」だが、それが無理ならせめて「１０００円馬券師」になりたいのだ。３連複１点１０００円、というのもいいが、点数はともかくとりあえずこの「１レース１０００円で３連複」というラインを目指したい。

この印はなんだ？

しばらく前のことだが、1日3レースしか買わない、と宣言していたことがあった。そのころ、最終レースが終わったときに一緒に競馬場に行ったトシキから「で、結局今日は何レース買ったの？」と尋ねられたことがある。「ええと、12レースかな」と返事すると、「なんだよ、1日3レースと言っていたのに全然オーバーじゃん」と言われてしまった。そうか、これは私の言葉が足りなかった。1日3レース、というのは、そういうふうにできたらいいな、という目標なのである。だいたい目標は達成できないが、その目標を意識していたから12レースにとどめることができたのだ。その目標を宣言しなかったら、絶対に購入レースは20レースを超えていただろう。だから私にとっては意味がある。先週の当欄で「1レース1000円！」と宣言したのも、同じ道筋と言っていい。こう言っておくと、まあ2000円か3000円にとどめることができる。間違っても7000円とか1万にはいかないで済む。油断しているとこのバカは、馬連に3連複にワイドに単複と重ね買い

4回中京6日　1R　2歳未勝利

着順	予想	枠番	馬番	馬名	性齢	斤量	騎手	タイム	着差	通過順	上り	人気	単勝オッズ	体重増減	厩舎
1	△	❼	⑩	ゼルク	牡2	55	鮫島駿	1.55.7		⑩10 9	中38.1	③	17.1	492−4	栗松永幹
2	△	❹	④	カガストロング	牡2	54	荻野極	1.56.3	3½	4 3 3	中40.0	⑪	100.9	468+6	南萱野浩
3	◉	❸	③	シャイニーロック	牡2	53	富田暁	1.56.4	½	1 1 1	内40.4	①	1.3	506+6	栗佐々木晶
4	△	❶	①	スターリーパレード	牡2	55	小崎綾	1.56.5	½	2 3 3	内40.2	⑧	49.7	484−4	栗西村真
5		❻	⑨	スペースコロニー	牡2	55	水口優	1.56.8	2	2 2 2	中40.7	⑦	25.6	440 0	栗湯窪幸
6	▲	❹	⑤	イシュタルゲート	牡2	54	川又賢	1.57.0	1½	⑬10 9	外39.4	②	6.4	506+6	栗高野友
7		❽	⑬	グラスプレジャー	牡2	54	木幡初	1.57.2	¾	7 6 5	中40.6	⑫	192.9	452−6	北杉浦宏
8		❺	⑥	クリノイカズチオー	牡2	52	西村淳	1.57.2	頭	7 8 7	中40.2	⑩	59.8	426−6	栗田所秀
9	◬	❺	⑦	ペイシャジョーダン	牡2	53	横山武	1.58.2	6	⑪10 9	中40.6	⑥	24.5	458 0	栗坂口則
10	△	❻	⑧	メイショウクサブエ	牝2	54	秋山真	1.58.2	鼻	9 8 9	中41.2	⑤	19.5	466−2	栗飯田祐
11		❷	②	モリトイナセ	牡2	54	藤田菜	1.58.2	鼻	5 6 7	内41.5	⑨	53.5	470−2	南堀井雅
12		❼	⑪	アイマックス	牡2	54	加藤祥	1.58.3	½	⑫13 13	内40.3	⑬	322.0	440−2	北中野栄
13	○	❽	⑫	サンビンガムトン	牡2	55	丸田恭	2.00.4	大	⑤5 5	中44.0	④	17.1	496+14	北宗像義

単⑩1710円　複⑩220円　④780円　③100円　ブリンカー＝④②
馬連④―⑩38930円㊵　枠連❹―❼3160円⑨
馬単⑩―④88270円㊷　3連複③④⑩11460円㉞
3連単⑩④③242430円345
ワイド④―⑩5790円㊵　③―⑩380円②　③―④1650円⑮

して、勝負だからこの程度は仕方がないと言い訳して総額1万を入れたりするから、そういう歯止めが必要なのである。先週の当欄では、馬券の種類は3連複！と宣言したが、実は種類はなんでもいいのだ。重要なのは1レースの購入額を控えめにすること。そちらのほうがポイントなのである。

　ところで朝日杯当日の朝、この日は自宅でPAT観戦の日だったが、競馬新聞を広げてみると中京1Rに印が2つ付いていた。2歳未勝利のダート1800m戦である。④カガストロング（ストロングリターン産駒）と⑩ゼルク（オーサムアゲイン産駒）のところだ。両馬ともに△が2つか3つ付いているだけの馬で、最終人気は11番人気と3番人気。⑩ゼルクは印の割に人気になっているが、前走5着は出走馬中3番目の成績だということもあるが（前走2着の③シャイニーロックが1番人気、前走3着の⑤イシュタルゲートが2番人気）、実はこの馬、母親があのヘヴンリーロマンスなのだ。そういう人気もあったりして。しかし、いくら考えてもなぜこの2頭に印を付けたのかわからない。なんなのだろう。朝から馬券を買うと止まらなくなるので、自宅でＰＡＴ観戦の日は最近は手控えることにしているが（競馬場に行った日は別）、とても気になるのでその2頭のワイドを買うことにした。その段階ではそれが当たるとは1ミリも思っていない。10倍程度の馬券なら買わなかったと思うが、ワイド40倍なら騙されて買う価値がある。

ところがすぐに後悔する。④カガストロングは先行したものの、⑩ゼルクのほうはついていけないのか、後方から4番手。いくら１８００ｍ戦とはいえ、これではなあ。新聞を見ると、2走前の新馬戦では終始後方ままの13着、前走の未勝利戦（16頭立て）では向こう正面で12番手から徐々にまくり、３コーナーで6番手。そのままなだれこんで5着という流れだった。しかし3走目のここは、ずっと後方から4番手なのだ。まくりもなし。これではなあ。ふと前のほうを見ると、④カガストロングはいまにも下がってきそうな脚いろで、ジョッキーの手は激しく動いている。つまり2頭ともに脈がない。まあ、こんなものだよね。しかし、あの印は何だったのか。たぶん前夜検討したときに付けたものと思われるが、記憶がないのだ。

と思っていたら、後方の⑩ゼルクが4コーナーでインをついてものすごい脚で突っ込んできた。馬群がばらけたところで今度はコースの真ん中に出し、先を行く馬に迫ってきた。脚がぴたっと止まるか、もっとぐいーんと伸びてくるかの分岐点にさしかかったが、たとえこの馬がぐいーんと伸びても、④カガストロングはタレる寸前だったから、2頭ともに3着以内に入るのは無理というものだ。私、完全に諦めていたので、胸キュンも何もなし。⑩ゼルクが差したら気持ちがいいので、とりあえずこの馬を応援しようと見ていると、いやあ、伸びる伸びる。すごい脚だ。なんと全馬を綺麗に差し切って先頭に突き抜けてしまった。あわてて④カガストロングを見ると、まだもがいていて、これは展開的に無理だよなあ。絶対にタレていくよなあ。しかしこの馬、なかなかガッツのある馬で、タレないのだ。じりじりじりじり、前の馬をかわしてなんと3番手に躍り出た。ここで初めて胸キュン。えっ、嘘だろ。ホント？　なんとなんと、その④カガストロング、勢い余って2着になってしまった。ワイドは5790円になっていたが、馬連は3万8930円。おお、馬連も買いたかった。

レースが終わってから、なぜこの2頭に印を付けていたのかが判明。前日の中京ダート戦で、ヴァイスリージェント系の血を持つ馬がたくさんきていたので、それをチェックしていたのだ。ならばと7Rにも2頭いたので、今度は馬連もたっぷり買うと、今度は5着と7着。そんなにうまい話はないのだった。

有馬でトリガミ

記憶に残る有馬記念は何ですか、という街頭インタビューが競馬場でずっと流れていたのでオサムにも聞いてみた。「そうですねえ、やっぱり２０１２年ですかねえ。ゴールドシップが勝った年。３人で阪神に行ったときですよ」。おお、あれか。楽しかったな、あのときは。1番人気のゴールドシップが勝って、10番人気のオーシャンブルーが2着、2番人気のルーラーシップが3着で、馬連が３７３０円、３連単が2万４２５０円。これを競馬場に出撃した3人ともにゲットしたのだ（もう一人は藤井君）。3人ともにGIを取るなんてホント、珍しい。しかもオサムはその3連単を５００円仕留めたのである（私は１００円引っかけただけだ）。有馬記念ウイークに阪神競馬場に出かけたのは、「ＧＩを他場で見る会」を結成していたからである。しかもその年は３日間開催だったから、日曜に有馬記念が終わっても月曜競馬があるから、日曜の夜も大阪泊である。時間を気にせず飲むことができたから、いやあ話が弾むこと。ホント、楽しい夜だった。私がいちばん印象に残っているのは、

２０１１年、オルフェーヴルが勝った年である。そのときは藤井君が三重県からやってきて、富田と３人でエクセル新横浜で有馬を見た。そのときは、自分の馬券を買ったあとに、ぴかっとひらめいたので、３人の本命に、ミー子の本命を足して馬連の４頭ボックスを追加で購入。すると、この馬連がヒットして（1着オルフェーヴル、2着エイシンフラッシュ）、３１７０円の馬連をゲット。全部で2万5000円買っていたけど、このおかげで辛うじてプラスになった。２０１１年は震災の年であったので、こういうときは絆が大切だと、競馬仲間の本命ボックスを購入するのがふさわしいのではないかと、ひらめいたのである。いちばん印象に残っているのはそのためだろう。

これまで有馬記念を当てたのは、その２０１１年を含めて3回しかない。絆の年である２０１１年と、阪神競馬場に遠征した２０１２年、シルクジャスティスが勝った１９９７年だ。このときは馬連を取った。おお、そうか。大事なことを忘れてた。有馬を当てたのは4回だ。もう1回、あった。いちばん最初に当てたのは、私が競馬を始めた年だ。ストロングエイトが勝った１９７３年だ。当時は枠連しかなかったが、その枠連の万馬券をゲットした。その2ヵ月前に競馬を始めたばかりなので、テレビを見ていても自分の馬券が当たったのかどうかわからず、しばらくしてから気がついた。典型的なビギナーズラックというやつだろう。その１９７３年から数えると今年で46回目の有馬記念だが、なんと久々に有馬を当てた。これで、通算5回目ということになる。

有馬ウイークはオサムが博多からやってきたが、指定に外れたので土曜は中山、日曜は東京競馬場という変則ツアーとなった。すごいですね、有馬の日の東京競馬場は。9時に到着したら駐車場に車がいっぱい停まっていた。開催中の土曜でもその時間なら半分なのに満車とはすごい。いつも場外のときは稼働していないフジビュースタンドのコース側、もっとも4コーナー寄りの穴場を稼働させているのにも驚いた。これだけ人が多いのではそれも当然だが、それでは念のためにと、メモリアルスタンド2階のパドック側の発売機を見に行ったが、こちらはやっぱりダメ。ここは椅子とモニターが多く、発売機もずらりと並んでいるので、場外のときこの発売機さえ稼働していたらとても便利なのに、といつも思うスポットだ。開催しているときはもちろん馬券発売機は稼働しているのだが、パドック側なのでコースが見えないのがネック。だから場外のときこそ、モニター、発売機、椅子という3点セットがいきるのに、肝心要の発売機は稼働せず。有馬の日くらいは例外を作るかなと思ったのだが、だめであった。

そうだ、いい機会なので要望を一つ書いておく。有馬記念の直前、WIN5の残りが4票、と発表されて、場内が沸いた。その4票の中身を知りたかった。それがわかれば、勝つなよ○○○、とみんなが念力を送っていただろう。レース前に発表するのが無理ならば、レース後でもいいので教えてほしかった。えーっ、危なかったなあとかなんとかレース後に盛り上がるのは必至。公表するのは難しいんでしょうか。結局的中者がいなくて久々にキャリーオーバーになったが、年内最終日がこれで大変になった。ところで、有馬記念を当てたといっても、ゴール前に叫んだわけでもなく、淡々とモニターを見ていたのは、3連単を100円引っかけただけ、だからだ。このレースに3万8000円入れていたので、2万5000円の3連単を当てても、なんとトリガミ。通算5回目の的中だが、トリガミは初めてである。これまで46回、有馬記念の馬券を買ってきて、それで的中が5回ということは、9年に一度の的中ということになる。この次に当たるのは9年後かよ。

年末のＷＩＮ５

ホープフルＳの前日にアキラからＬＩＮＥがきた。翌日、みんなでＷＩＮ５を買いませんか、というのだ。有馬記念の日のＷＩＮ５がキャリーオーバーになったので、いつもは買わないアキラもＷＩＮ５を買う気になったのだろう。みんな、というのは、アキラと私とオサムの３人ということだ。問題はその方法だが、阪神の最終レース、つまりファイナルＳがシゲ坊の自信レースで、⑦フィアーノロマーノで鉄板、と週中にメールが入っていた。ならば、ここはシゲ坊を信じて⑦フィアーノロマーノの１頭指名でいい。残り４レースを３人が１頭ずつ指名すると、全部で81点。一人あたりの負担が２７００円で、ちょうどいい額だ。アキラとオサムの賛同を得て、その方法で年内最後のＷＩＮ５にチャレンジしたが、まさか投票総額が35億になるとは思ってもいなかった。有馬当日が６億、それが２日分であるから普通で12億。しかしキャリーオーバーになるといつもは買わない客も投票するから、総額が20億くらいかなと思っていた。それが35億とはすごい。年末というのが大きかったのか。グリーンチャンネルを見ていたら、MCの二人が共同で買ったと言っていたので、私らのように共同で買った人たちは全国にたくさんいたに違いない。

いちばん最初にアキラが指名馬を申告し、次にオサムが申告。それを見ながら私が最後の1頭を決めたが、迷ったのが3つ目の阪神11RベテルギウスS。アキラが7番人気の①トップディーヴォ、オサムが2番人気の⑮ピオネロ。このレース以外は二人のどちらかが1番人気を指名していたのだが、ここで初めて二人とも1番人気を外してきた。このレースの1番人気は⑩ロードアルペジオ。単勝オッズが4・5倍（最終的には370円）ということからわかるように、混戦レースである。このとき、この⑩ロードアルペジオを指名しておけば、私たちのWIN5は当たっていた。しかし、個人でWIN5を買うときも、オール1番人気にならないように、荒れると思ったレースでは1番人気を外すのが私の通例になっている。総額が大きいから、人気馬ばかりの決着になってもいつもより配当は多いはず、とは思っていたが、やっぱりオール1番人気は避けたい——というわけで、結局2番人気の②ジュンヴァルカンにしてしまった。この日のWIN5の配当は、1番人気↓1番人気↓1番人気↓2番人気↓1番人気で、2万9330円。人気馬ばかりが勝ったわりにはいつもより配当が多いのは、やはり総額が大きいからか。的中票数は11万超え。安いといっちゃ安いけど、忘年会や新年会の費用にはなったかも。

さて問題は、ファイナルSだ。昨年のファイナルSもシゲ坊の自信の本命スマートカルロスが5番人気で1着だった。そのときの3連単が6万。おかげで有馬の負けを全部取り戻して、ホント、あのときは嬉しかった。毎週シゲ坊は全場全レースの予想を送ってくれるのだが、自信レース、つまり自信度Aランクは週に一つ。それに対して、Sランクは年に一つ。昨年はそのSランクの本命がファイナルSを勝ったスマートカルロスだけで、結果は見事に的中だった。あれから1年、今年はSランク予想がないのかよおと思っていたら、昨年同様にファイナルSに「自信度S」が点灯した。問題は、昨年のスマートカルロスとは違って、今年の自信の本命馬が1番人気だったこと。だから、買い方が難しい。最初は、4番人気⑤ヤマカツグレースとのワイドを買おうと思った。昼の段階では、このワイド⑤⑦は7・5～8倍（最終的には6・6～7・4倍）。ここに1万入れちゃおうかと思った。最近はずっと控えめなのだが、ここは2018年の最後のレースだし、そのくらいは入れてもいいのではないか。そんな気もしたのだが、シゲ坊の年に一度のSランク予想なのだ。フィアーノロマーノが1着になることを信じよう。この馬を1着に固定し、2着は⑤ヤマカツグレースと、11番人気の⑮タイムトリップ。3着は総流しの3連単。すると、本命⑦フィアーノロマーノは4～5番手のスタートで、4コーナーでは3番手。直線を向いて前を行く2頭をかわし、先頭に躍り出た。脚いろからいって、この馬の1着は確定だ。

⑤はどこにいるんだ。おお、インの4～5番手だ。⑥ショウナンアエラと⑫レインボーフラッグの間を縫ってその⑤が差してくる。こいこい国分。2番手に上がったので、そのままそのままとテレビに向かって叫んだ。3着欄は総流しであるから、⑤が2着に残ればそれでいい。そこに後続がどっと追い込んできて2～3着は4頭が横一線。大丈夫か国分。リプレイされると⑤はぎりぎり2着。3着は8番人気の⑧サプルマインドで、3連単は3万9060円。ハナ差4着の⑮タイムトリップが3着だったら3連単は900倍で、そっちのほうが断然よかったが、それは言うまい。おかげで負けを取り戻しチャラ。ありがとうシゲ坊と、感謝したのである。

あとがき

２０１８年の最大のトピックは皐月賞だろう。具体的には本文を読んでいただきたいが、私の予想はズバリ的中したのだ。37万円の３連単を３００円だから、その配当は１００万円を超える。ゴール直前に、そのままだの差せだのと叫ぶことは少なくないが、ゴールしたあとに立ち上がって「よし！」と拳を天に向かって突き上げたことは初めてだった。しかも3回。つまり「よし！　よし！　よし！」。大興奮の極致である。

あっと突然不安になって、突き上げた拳をそっと下ろしたときの、頭がぐるんぐるんした感じは、いったい何にたとえればいいんだろう。前日予想を直前に変更したことを突然思い出したのである。しかもその変更が微妙な変更だったから（本命を変えたわけではないのだ）、当たったものと勘違いしてしまった。

本文に書いたけれど、その日は一人で中山に行ったので、黙って席を立ち、黙って総武線に乗り、黙って帰宅して寝た。その間、競馬友達からたくさんメールが入っていたが、全然返信しないので、あとで聞くとずいぶん心配してくれたらしい。月曜の夕方に、はっと意識が戻ったが、あんなに興奮したことも、あんなに虚脱感に襲われたことも、競馬を始めて45年、初めてである。

45年で初めてなら、あと45年も生きるわけがないから、もう二度とチャンスはないということだ。もしタイムマシンに乗って過去に行くチャンスが一回だけあるなら、私は迷わず2018年の皐月賞当日の中山に行く。雨が上がったからといって、予想を変える必要はないんだよ、そのまんま買いなさい、と自分に伝えたい。もうないよなあ、あんなチャンス。

その皐月賞に比べれば、あとはどうってことはない。前年は成功した「ワイド1点3000円勝負」がまったく当たらなくなってやめたこと。馬券代制限計画を発足したもののすぐに崩壊したこと――いつもの年のように、いくつも失敗を重ねたので、ことさら言うまでもない。

2018年の大きな変化は、前半はまだ以前のように競馬場に行っていたものの、後半はあまり行かなくなってしまったことだ。競馬場に行く回数が極端に減ってしまったのは、やはり年を取ったからか、なんだか面倒になったのである。家にいても馬券を買えるなら、なにもわざわざ競馬場に行かなくても、とつい思ってしまうのである。それでも旅競馬は2018年もよく行った。福島、中京、新潟、札幌、京都、阪神、小倉と、函館以外は全部行った。特に阪神は、大阪杯と桜花賞、2週連続で行った。同じ競馬場に2週連続で行ったのは初めてである。中京も2回行ったか、いや中京は3回か。よくわかんない。だから、競馬に飽きたわけではない。むしろ、旅競馬は昔よりもいまのほうが熱心だ。昔は、なんだか面倒だなと思っていた。現地に着いてしまえばもちろん楽しいのだが、新幹線に乗って向かうときは、こんなことしなくても馬券は買えるのにな、と思っていた。ところがいまは、新幹線に乗る段階から楽しいのだ。こんなに負けているのに、なぜか楽しい。

本年、2019年も前年同様の回数だけは、旅打ちに出る予定でいるが、しかし来年、2020年は旅競馬の回数は極端に減ると思う。ただでさえここ数年、日本に来る外国人が増えてきて、京都や大阪のビジネスホテルが予約しづらくなっている。高いところならまだあるが、そんな高い料金は払いたくない。新幹線も混んでいるからイヤだ。東京オリンピックが終わるまでは東京でじっとしているつもりなのである。

そうか、ひとつ忘れてた。2018年の大きな変化は、オサムとアキラと私の3人で、LINEグループを作ったので、競馬開催日はみんな、せっせとここに書き込むようになっている。これがすごく楽しい。福岡のオサム、新宿のアキラ、東京の外れにいる私、ばらばらのところにいるのに、せっせと書き込むから、なんだか三人で競馬場にいるみたいな感じになるのだ。途中で書き込まなくなると、そうか外出したんだなとわかるし（今日は午後から外出しますとわざわざ書き込むこともあるが）、そうなると二人でＬＩＮＥし合うが、みんな出かけて一人になると、途端に寂しくなる。

あ、寝てましたとか言って復帰してくると、なんだよ寝てたのかよ、と胸が弾んできたりするが、競馬場に行く回数が減っても、旅打ちの回数が減っても、ＬＩＮＥ競馬で友達とつながっていれば、それだけで楽しいというのも真実だ。こういう日々がいつまでも続きますように、と祈るのである。

２０１９年６月

藤代三郎

藤代　三郎（ふじしろ　さぶろう）
1946年東京生まれ。明治大学文学部卒。ミステリーと野球とギャンブルを愛する二児の父。著書に、『戒厳令下のチンチロリン』（角川文庫）、『鉄火場の競馬作法』（光文社）、『外れ馬券に微笑みを』『外れ馬券は夕映えに』『外れ馬券に祝福を』『外れ馬券は人生である』『外れ馬券に友つどう』『外れ馬券で20年』『外れ馬券が多すぎる』『外れ馬券は終わらない』『外れ馬券に乾杯！』『外れ馬券を撃ち破れ』『外れ馬券に挨拶を』（ミデアム出版社）。

外れ馬券に約束を

二〇一九年八月二日　第一刷

著者　藤代三郎
発行者　大島昭夫
発行所　株式会社ミデアム出版社
東京都杉並区下高井戸二—一七—一八
電話　〇三（三三二二四）一二七五
郵便番号一六八—〇〇七三
印刷・製本　図書印刷㈱

ISBN978-4-86411-110-2　本文DTP／トモスクラブ